Wußten Sie, daß die erste Frage der Philosophie in einem Garten gestellt wurde, und zwar von einer Frau? Buchstäblich von Adam und Eva bis zur Kernphysik, von Schuld und Schicksal, Zeit und Materie bis Zufall und Ziel reicht die bunte Fülle der philosophischen Gedankenwelt, mit der Frieder Lauxmann ohne lehrhaften Ballast experimentiert. Auf diesem Weg dem philosophischen Denken neue Freunde zu gewinnen, das ist sein Ziel, und er läßt seine Spaziergänge durch Denklandschaften mitten in unserem Alltag beginnen. Die »Wegweiser«, die er jedem der locker aneinandergereihten Kapitel voranstellt, sind Kernsätze großer Denker aus drei Jahrtausenden.

Frieder Lauxmann wurde 1933 in Stuttgart geboren. Jurastudium in Tübingen und München. Seit 1962 im Staatsdienst. Vielseitige Erfahrung in der Erwachsenenbildung. Bisherige Publikationen u. a.: ›Profile großer Denker‹ (1989), ›Mit Hegel auf der Datenautobahn‹ (1996) und ›Das philosophische Abc‹ (1997).

Frieder Lauxmann

Der philosophische Garten

33 Spaziergänge durch Denklandschaften

Deutscher Taschenbuch Verlag

Von Frieder Lauxmann bei dtv:
Mit Hegel auf der Datenautobahn (30729)
Das Philosophische ABC (30751)

Oktober 1998
3. Auflage Januar 2000
Deutscher Taschenbuch Verlag GmbH & Co. KG,
München
© 1994 nymphenburger in der F. A. Herbig Verlagsbuchhandlung GmbH,
München
ISBN 3-485-00696-3
Umschlagkonzept: Balk & Brumshagen
Umschlagfoto: © Hans Wiesenhofer/MAXUM,
Pöllau/Österreich
Satz: Concept GmbH, Höchberg
Druck und Bindung: C. H. Beck'sche Buchdruckerei,
Nördlingen
Gedruckt auf säurefreiem, chlorfrei gebleichtem Papier
Printed in Germany · ISBN 3-423-20176-2

Inhalt

Liebe Leserin, lieber Leser!

Wußten Sie, daß die erste und folgenreichste Frage der Philosophie in einem Garten gestellt wurde? Wußten Sie, daß es eine Frau war, die fragte? Und die Antwort? Seit den Zeiten des Gartens Eden wurde sie uns oft versprochen, aber noch ist sie nicht gefunden. Wenn Sie dieses Buch lesen, werden Sie ahnen, warum das so ist.

Der Garten ist ein Sinnbild für das Zusammenwirken von Natur und menschlichem Gestalten. Philosophie wird oft als etwas angesehen, was der Mensch mit seinem Intellekt erschaffen kann. Dementsprechend gestelzt und geschraubt ist dann manchmal das Ergebnis. Aber Philosophie als »Liebe zur Weisheit« kann, richtig verstanden, nur eine Liebe zu der Weisheit sein, die in der Welt auch ohne unser Zutun verborgen ist.

Dieses Buch möchte Ihnen auf anregende und manchmal auch herausfordernde Weise ermöglichen, sich in die Zusammenhänge und Hintergründe dieser Welt einzudenken und – zu verlieben. Haben Sie deshalb keine Angst vor Philosophie, denn, richtig verstanden, ist sie keine Lehre, sondern, wie ihr Name sagt, eine Liebe, die jeder auch ohne Vorbildung erfahren kann, der bereit ist, selber zu denken.

Stellen Sie sich den Garten der Philosophie als ein großes Land ohne Zäune und Grenzen vor, mindestens so groß wie den Garten Eden, in dem immerhin vier gewaltige Ströme entsprungen sind. In diesem Garten möchte ich Ihnen einige Wege durch verschiedene Denklandschaften zeigen. Unsere Wegweiser sind Gedanken großer Philosophen und Dichter. Erwarten Sie keine

Vollständigkeit, sonst würden für dieses Buch fünftausend Seiten lange nicht ausreichen.

Die Denkwege, die wir gehen werden, sollen Ihnen zeigen, daß die Natur unserer Gedanken nicht daher stammt und nicht dahin führt, wo sie die Anhänger einer vollkommen durchschau- und beherrschbaren Welt gern hätten. Die Welt ist aus dem Chaos entstanden, und es ist ein Irrtum anzunehmen, sie hätte längst aufgehört, eines zu sein. Wenn es uns dennoch gelingt, in diesem Chaos immer wieder eine Ordnung zu ahnen, so verdanken wir dies viel weniger dem menschlichen Scharfsinn, als wir meinen. Unsere Gänge sollen Sie nicht belehren und nicht bekehren, sondern beleben. Der Text ist auch trotz seines philosophischen Inhalts nicht gelehrt, eher schon geleert; geleert nämlich von wissenschaftlichem Ballast, der sonst alles beschwert, was mit Philosophie zu tun hat. Der englische Philosoph und Mathematiker Bertrand Russell hat einmal diesen Satz geschrieben: »Der Wert der Philosophie besteht ... in der Ungewißheit, die sie mit sich bringt.« Das wäre mir nun doch etwas zuwenig. Ich meine, man sollte ihm diesen Gedanken entgegenhalten: Der Wert der Philosophie besteht darin, daß sie uns im Chaos der Ungewißheiten eine Gewißheit ahnen läßt, auch wenn wir sie nicht beschreiben können.

Wenn uns ein Essen schmeckt, dann schmeckt uns das Essen, aber nicht das Kochbuch und schon gar nicht das Rezept.

WEGVORBEREITUNG:

―――――――

Wie man sein Denken mit auf den Weg nimmt

Wegweiser: Wir erkennen die Wahrheit nicht allein mit der Vernunft, sondern auch mit dem Herzen.

BLAISE PASCAL (1623–1662)

Das Herz weist uns einen Weg, aber oft meinen wir vorschnell, es sei der falsche gewesen. Das Herz läßt uns urteilen, aber wo spricht es wirklich und wo gehorchen wir nur unseren ewig verkrusteten Vorurteilen? Pascal selbst kannte dieses Problem, denn er sagte nicht »sondern mit dem Herzen«, er schrieb ausdrücklich »sondern *auch* mit dem Herzen«.

Wer über solche Fragen nachdenkt, braucht dazu weder Wissen noch Bildung, es genügt die Bereitschaft, eigene Erlebnisse hervorzuholen. So erinnere ich mich an die Begegnung mit einem sehr gescheiten Menschen. Auf der Bahnfahrt zu einer Tagung saß mit mir im Intercity-Abteil ein Herr, der, wie sich bald herausstellte, zur gleichen Veranstaltung fuhr. Gleich hinter Mannheim dürfte es gewesen sein, als er mir von seinem Hobby, der Philosophie, erzählte. Ich mußte mit etwas Verlegenheit feststellen, daß er wesentlich mehr wußte als ich. Fiel der Name eines Denkers, dann konnte er gleich dessen »System« benennen und dazu noch die entsprechenden Werke mit dem Jahr des Entstehens. Mit ein paar Nebensätzen ließ er erkennen, daß er ein wandelndes Philosophielexikon war. Ich war verblüfft. Wenn ich Lehrer gewesen wäre und er Schüler, dann hätte ich gesagt: »Sehr gut! Eins plus. Setzen.«

Kurz hinter dem Loreley-Tunnel erzählte ich ihm, daß mich zur Zeit das Problem »Wahrheit« beschäftige und ich schon an ein paar neuen Thesen herumtüftle. Sogleich kamen von meinem Gesprächspartner wieder ein paar fertige und gut gelernte Definitionen. Als ich (frei nach Jaspers) sagte, Wahrheit sei ein Kommunikationsproblem, war er darauf nicht vorbereitet. Ein System, zu dem diese Definition paßte, hatte er anscheinend nicht in der Schublade, also gab es dazu auch nichts zu sagen. Er wird gemeint haben, das hat sich dieser Mensch selbst ausgedacht, dann muß es wohl »falsch« sein. Noch vor Koblenz versenkte er sich wieder in seine Zeitung, und ich schaute, einen Apfel essend und über das Gespräch nachdenkend, aus dem Fenster auf den Rhein.

Tags darauf gab es bei der Tagung eine Diskussion, an der unter anderen auch wir beide teilnahmen. Bei seiner Wortmeldung, einer Erwiderung auf das, was ich gesagt hatte, wurde mir so richtig klar, wie unterschiedlich wir dachten. Er war ein Mensch, der sich in allem, was er sagte, auf Daten, Fakten und fertige Rezepte berief und andere Beiträge nicht gelten ließ. Er war ein durch und durch nützlicher und wertvoller

Mensch. Als ich aber einen Vorschlag machte, der eine Lösung des Problems außerhalb des bisher Diskutierten anbot und zugleich das Thema in einem anderen Zusammenhang erkennen ließ, hatte er nichts anderes für mich übrig als ein Schulterzucken. Was ich gesagt hatte, drang wohl gar nicht richtig zu ihm durch, denn es paßte nicht in sein wohlpräpariertes Denksystem.

Wer zum Denken auch seine rechte Gehirnhälfte, die für Gefühl, Intuition und Unbewußtes zuständig ist, mit einbeziehen kann, der gerät normalerweise beim Argumentieren in die Defensive. Warum ist das so? Blaise Pascal beschäftigte sich in den letzten schmerzvollen Jahren seines Lebens intensiv mit dieser bis in unsere Zeit stets aktuell gebliebenen Frage. Er, der Entdeckungen auf dem Gebiet der Mathematik und Physik gemacht und ohne Vorbild eine der ersten Rechenmaschinen gebaut hatte, bekannte sich zunehmend zur intuitiven Erkenntnis. Er stellte den Gegensatz zwischen der streng logischen Geometrie und dem »esprit de finesse« heraus. Diesen kann man mit Intuition, aber vielleicht auch mit Spürsinn, Feinfühligkeit, Fingerspitzengefühl oder ähnlich übersetzen. Gegenüber der strengen Logik des »Geometers«, des Menschen, der am liebsten alle Probleme mit Lineal und Zirkel lösen würde, kämpfte Pascal für die Gründe des Herzens.

Im Alltag ergeben sich hier immer wieder Spannungen. Das »Herz« fühlt, der Verstand rechnet. Aber wem gelingt es, mit Argumenten des Gefühls eine »Rechnung« zu widerlegen? Der Kampf braucht sich nicht zwischen Menschen abzuspielen, er beginnt im Innern des einzelnen. Pascal der Mystiker kämpft in seinen

Gedanken gegen Pascal den Mathematiker und gegen alle, die sich einseitig nur zum rationalen Denken bekennen. Deshalb sagt er: »Man muß sofort mit einem Blick das Ganze übersehen und nicht, wenigstens bis zu einem gewissen Grade, im Fortgang einer logischen Beweisführung.«

Das ist es also: Mit einem Blick das Ganze erfassen! Wem dies in einer Situation gelingt, der braucht keine Belege und keine Details, er hat die Lösung ganzheitlich. Der erfolgreiche Tennisspieler oder Fußballspieler hat während des Spiels keine Zeit, die Situation abzuschätzen und seine Verhaltensweise zu berechnen und zu planen, er muß sofort handeln. Seine Reaktion kommt aus dem Innern. Dies gilt auch für den erfolgreichen Geschäftsmann. Wer analytisch vorgeht, kann zwar insoweit auf den ersten Blick zuverlässiger folgern, aber er vernachlässigt alle die Entscheidungskriterien, die nur im Blick auf das Ganze enthalten sein können. Wer analytisch, mathematisch vorgeht, bleibt im System, soweit es bekannt ist, und findet nur Lösungen, die innerhalb des Systems möglich sind.

Eine interessante Mischsituation bietet in diesem Zusammenhang das Schachspiel. Man kann es sowohl rational (Schachcomputer) als auch intuitiv spielen. Da es normalerweise nicht unter dem bei Bewegungsspielen üblichen Zeitstreß gespielt wird, können die einzelnen Züge verstandesmäßig geplant werden. Aber nur ein Spieler, der »mit einem Blick das Ganze erfassen« kann, hat das Zeug zum Meister, er kann auch den Computer besiegen, der nicht aus seinem Programm herauskann. Aber wie »einfach« ist das Schachspiel mit seinen vierundsechzig Feldern und strengen Regeln im

Vergleich zu dem nach allen Seiten ausufernden Leben! Neue Lösungen verlassen das bekannte System. Das wirklich Kreative paßt in kein Konzept. Es ist die Antwort auf eine nicht gestellte Frage. Vielleicht ist dies auch ein Grund dafür, daß der Mensch die Schöpfung der Welt immer noch nicht richtig verstehen kann, weil er meint, das Neue müsse sich logisch aus dem Alten herleiten lassen. Wer meint, Gott müsse Mathematiker sein, der wird ihn bald für einen Chaoten halten. Die geradlinige Denkweise scheitert an der kleinsten Kurve. Der schöpferische Impuls kann nie aus dem System kommen, denn dort ist nur das bereits Vorhandene. Ein Schöpfer, der etwas Neues zustande bringen will, muß daher gegen bisherige, erkenn- und nachvollziehbare Regeln verstoßen. Auf diesen Gesichtspunkt kommen wir noch zurück.

Bei unseren Entscheidungen müssen wir uns immer bewußt oder unbewußt fragen, ob und inwieweit unsere verstandesmäßig nachvollziehbaren Gründe ausreichen. Wo der Verstand genügt, könnte – soweit entsprechende Programme vorhanden wären – grundsätzlich auch ein Computer uns die Entscheidung abnehmen. Wo aber unsere »Kunst« gefragt ist, wäre er nur ein Hindernis. Alle großen Erfindungen, alle berühmten Kunstwerke setzten voraus, daß da einer die gewohnte Spiel- und Denkwiese und -weise verlassen und sich auf Neuland vorgewagt hat. Neuland ist das Land, in dem man noch keine Freunde und Bekannten hat. Das muß man wissen. Wer nur mit den Mitteln argumentiert, die schon alle kennen, macht sich nicht unbeliebt und wird verstanden, aber er bleibt auf die Dauer ein Langweiler. Wer sich aber hinauswagt, hat zwei Chancen: Entweder er entdeckt etwas Neues, oder er verirrt sich. Leider ist dieses häufiger der Fall als jenes, immerhin, das Abenteuer lohnt sich. Es macht das Leben aus.

Wir lassen andere nicht für uns verdauen. Aber wie ist es mit dem Denken? Wer seinen eigenen Kopf schont und andere für sich denken läßt oder immer nur Denk-taxi fährt, dem wird irgendwann einmal eine saftige Rechnung präsentiert werden. Was wir lernen, bleibt für unser Leben belanglos, soweit wir es nicht verin-nerlichen können. Und gerade hier liegt die große Tra-gik unserer Philosophie. Was ein aufregender Lebens- und Denkinhalt für jeden Menschen hätte werden kön-nen und müssen, wurde von im wahrsten Sinne des Wortes geistlosen Lehrern zum trockenen, ja oft sogar abstoßenden Lernstoff verdorben. Schuld daran sind natürlich auch viele Philosophen selbst wie zum Bei-spiel Kant und Hegel, die den größten Teil ihrer genia-len Werke so beinern schrieben, daß ein Uneingeweih-ter nach dem dritten Satz abschalten muß. Das war nicht immer so. Bei den alten Griechen gab es eine Blü-tezeit, in der Philosophie allgemeines Lebens- und Gedankengut war.

Es lohnt sich, einige Spaziergänge aus dem gewohnten Denken dorthin zu unternehmen, wo große Denker Neuland entdeckt haben. Wir können dabei deren Denken neu für uns entdecken oder zumindest neu in uns bewußt machen. Es kommt also nicht darauf an, daß das, was wir nachvollziehend denken, objektiv neu ist, es genügt, daß es jetzt für uns neu ist, daß wir uns über eine Denkweise neue Klarheit verschaffen können. Wenn uns etwas, was andere gedacht und geschrieben haben, »einleuchtet«, dann kann sich ein ähnliches Gefühl einstellen wie bei dem, der zuerst diesen »Einfall« hatte. So ist es auch bei der Kunst. Ein Kunstwerk, sei es ein Bild, ein Gedicht oder ein Musikstück, kann uns, den nachvollziehenden Betrachter, zum Mitschöpfer machen. Wenn wir beim Hören miterleben, was Bach oder Mozart beim Komponieren gefühlt haben müssen, dann geht etwas auf uns über, was wir niemals aus den Noten herauslesen könnten, wenn wir diese musikwissenschaftlich analysieren würden. Der Funke, der überspringt, läßt sich spüren, aber weder beschreiben noch messen. Dies läßt sich auch ganz trivial sagen. Wenn uns ein Essen schmeckt, dann schmeckt uns das Essen, aber nicht das Kochbuch und schon gar nicht das Rezept.

Mit der Philosophie ist es genauso. Wir nehmen teil an einer uns vielleicht zunächst fremden Gedankenschöpfung und machen uns diese zu eigen, auch wenn sie nur aus einem Satz besteht oder in einem Satz gipfelt. Wenn wir gemeinsam mit dem »Erdenker« ein Stück seines Weges gehen, können wir zum Teilhaber seiner Idee werden, zu seinem Weg- und Denkgefährten. Im übrigen lehrt uns die so verstandene Philosophie keine unumstößlichen Wahrheiten. Sie lehrt uns aber, Wahrheiten zu erkennen, wenn sie uns auf unserem Weg begegnen.

ERSTE LANDSCHAFT

Zufall und Ziel

Wo alles nach dem Berechenbaren strebt, gilt der Zufall wenig. Er ist das Unzuverlässigste, was es gibt, und doch verdanken wir gerade ihm alles, was wir sind und haben. Vielleicht sind Zufälle nicht das, wofür wir sie halten, sondern Einfälle einer Ordnung, die so weitmaschig ist, daß wir ihr Muster nicht erkennen können. Der Zufall ist in unseren Denklandschaften ein zentrales Bergmassiv, das wir auf vielen Wegen umrunden, anscheinend aber nicht besteigen können.

*Planung ist natürlich gut, aber noch besser ist es, wenn auch
die Zufälle unserem Willen angepaßt sind. Wie kann man sich
so etwas vorstellen?*

1. RUNDWEG

Der gesteuerte Zufall

*Wegweiser: Wer einen eigenen Willen in die Dinge zu legen
hat, über den werden die Dinge nicht Herr; zuletzt arrangieren
sich die Zufälle noch nach unseren eigensten Bedürfnissen.*

FRIEDRICH NIETZSCHE (1844–1900)

Als ich dieses Wort von Nietzsche vor mehreren Jahren
zum erstenmal las, es steht in einem Brief aus dem Jahr
1888, hielt ich es für eine der für Nietzsche so typischen
gewaltigen Maßlosigkeiten. Der Mensch, der ein Jahr,
nachdem er diesen Brief geschrieben hatte, in Wahnsinn
versank, hinterließ eine riesige Sammlung ungeordneter
Notizen mit Gedanken, in denen vor allem seine Vorstellung vom »Willen zur Macht« eine zentrale Rolle
spielte. Vor keinem gedanklichen Extrem schreckte dieser Mensch zurück bis hin zu solchen Sätzen: »Ich bin
bei weitem der furchtbarste Mensch, den es bisher gegeben hat; dies schließt nicht aus, daß ich der wohltätigste
sein werde. Ich kenne die Lust am Vernichten in einem
Grade, die meiner Kraft zum Vernichten gemäß ist.«

Darf man einem Menschen, der solches geschrieben hat, noch irgend etwas glauben? Weiß man nicht, wie seine Thesen von den Nazis mißbraucht worden sind? Der Mensch, um den es hier geht und der in seinen Schriften nicht nur das Christentum, sondern auch Moral und Mitleid verabscheut hat, war zeitlebens im Grunde seines Herzens der tiefreligiöse Mensch geblieben, der er in seiner Jugend gewesen war, nur ist seine einstige Liebe in den Haß des Enttäuschten umgeschlagen, der ihm alle Werte ins Gegenteil verkehrte. Der Mann, der mit Worten gegen die Schwäche des Mitleids gekämpft hatte, umarmte kurz vor dem Ausbruch seiner geistigen Umnachtung schluchzend ein geschlagenes Pferd. Nietzsche war wohl nicht der Machtideologe, zu dem ihn die gemacht haben, die ihn mißverstanden hatten.

Aber was bedeutet dann der höchst »unlogische« Satz, nach dem der Wille sogar Macht über die Zufälle haben kann? Wie so etwas in der »Praxis« aussieht, ist mir erst einige Zeit später aufgegangen. Es war in Italien bei einer internationalen Begegnung. An einem der drei Tage stand ein gemeinsamer Ausflug mit Bussen in die Berge auf dem Programm. »Abfahrt nach dem Frühstück.« Die deutschen und englischen Teilnehmer standen pünktlich zu der nicht verabredeten Zeit an einem nicht bekanntgegebenen Ort und warteten auf irgendeinen Verantwortlichen und darüber hinaus noch auf die Busse. Als wir so an die zwanzig Minuten herumgestanden hatten, begann unter den Deutschen der Gruppe ein gegenüber den italienischen Organisatoren nicht allzu freundliches Gemurmel, das aber niemanden verletzte, denn es war ja keiner da, der verantwortlich war. Später irgendwann einmal kam ein Bus, noch später der andere. Noch viel später tauchte ein Italiener auf, der sich aber nicht anmerken ließ, daß er irgend etwas mit der Organisation zu tun hatte. Der langen Rede kurzer Sinn: Nachdem der letzte Langschläfer ausführlich und ohne jeglichen Streß gefrühstückt hatte, fuhren die Busse ab. Beim Mittagessen wiederholte sich ein ähnliches Spiel. Von der Rückfahrt ist nur das eine zu berichten: Irgendwann spät in der Nacht waren alle wieder im Hotel.

Als ich mir dann den Ablauf des Tages noch einmal überlegte, mußte ich dies feststellen: Es waren alle mitgekommen, die an der Fahrt interessiert waren, man war überall dort gewesen, wo es hingehen sollte, und das gemeinsame Essen war zum großen, echt italienischen Erlebnis geraten. Es waren alle wieder im Hotel gelandet, zwar sehr spät, aber gerade recht für italienische Gewohnheiten. Und die Organisation des Ausflugs? Uns mutete sie geradezu chaotisch an. Aber warum eigentlich? Niemand wußte zwar Bescheid, niemand hat Anweisungen erteilt, aber es hat doch alles in allem wunderbar geklappt.

Was hat diese Geschichte mit Nietzsches Zufall zu tun? Wir lesen bei uns immer wieder etwas über die Zustände in Italien. Wundern wir uns auch, wie es möglich ist, daß Italien (Norditalien) eine der größten Industrienationen der Welt ist?

Im nachhinein weiß ich, wie die Dinge in Italien und anderswo funktionieren. Es ist ganz einfach: Man weiß, wohin man will, man begibt sich auf den Weg, und man kommt an. Wer sein Ziel kennt, der kommt an, er fragt nicht, auf welchen Wegen. Wir Deutschen meinen immer, es müsse alles bis ins Detail im voraus geplant sein, wir vertrauen dem Zufall nicht. Es fehlt uns anscheinend der Sinn für das fruchtbare Chaos, aus dem heraus die nützlichen Zufälle wachsen. Aber sind das dann überhaupt noch Zufälle? Natürlich wäre dies eine Frage der Definition. Sie soll hier ausgespart bleiben. Wesentlich ist, daß hier der Wille vieler sich unbewußt zusammenreimt und die Wahrnehmungen und Handlungen vieler aufeinander abgestimmt sind, als ob kommandiert würde.

Natürlich gilt das alles auch in umgekehrter Richtung. Wer keinen Willen mit auf den Weg nimmt, dem begegnen die falschen Zufälle, der landet im Labyrinth der Umwege. Wenn ein Weltreich zusammenbricht, dann ist auch der gemeinsame Wille dahin. Das ist ein Relikt aus der Zeit, als auch der Mensch ein Herdentier war. »Einstmals war das Ich in der Herde versteckt: und jetzt ist im Ich noch die Herde versteckt.« Dieser Satz Nietzsches erklärt, warum eine Gemeinschaftsleistung auch dann gelingen kann, wenn niemand weiß, wer eigentlich das Sagen hat. Man spricht zwar vom Leithammel, der allerdings auch nur ein Hammel ist, aber spricht man auch vom »Leitfisch« und von der »Leitschnake«, wo doch jeder weiß, wie solche Schwärme reagieren? Nochmals Nietzsche: »Zufall ist selber nur das Aufeinanderstoßen der schaffenden Impulse.«

Es soll hier nicht der Planlosigkeit und dem Chaos das Wort geredet werden, wir dürfen auch ruhig sagen, daß mit unserer Planung manches wesentlich besser funktioniert als anderswo. Aber anscheinend braucht nicht jede Aktion den aufwendigen, zeitlich vorausgehenden Plan. Vieles gelingt auch durch unzählige kleinste

Impulse, die alles in die Richtung auf das Ziel hinsteuern. Diese Impulse sind oft so klein, daß wir sie nicht wahrnehmen und alles, was durch sie geschieht, ungesteuert und zufällig erscheint. Man kann sich auch fragen, ob es überhaupt einzelne Impulse sind, oder ob es sich um irgendwelche »Felder« handelt. Das Schöpferische in jedem organischen Wesen, meint Nietzsche, zeige sich darin, daß der Wille zur Macht jene Dinge wahrnehmen muß, die ihm assimilierbar sind. Anders gesagt: Der Wille macht die Zufälle, die er vorfindet, unbewußt zu seinen Werkzeugen. Die Natur liefert uns die Zufälle, und unser Wille verarbeitet sie auf dem Weg zu unserem Ziel. Damit hören sie auf, Zufälle zu sein. Sie bleiben es nur für den, der seinen Weg nicht findet.

Man könnte jetzt weiterfragen: Und wer oder was steuert den Willen? Hier scheint Nietzsche keine Antwort gefunden zu haben. Er schreibt in diesen Jahren von fast nichts anderem als direkt oder indirekt vom Willen, und er ist doch an dieser zentralen Frage gescheitert. Nicht nur er. »Alles vollkommene Tun ist gerade unbewußt und nicht mehr gewollt.« Diesen Einwand legt sich Nietzsche selbst vor. Irgendwo fangen die Dinge, die man so klar sehen und verstehen möchte, an, sich gegenseitig im Weg zu stehen. Kann man dann aber schließlich so weit gehen, daß man wie Nietzsche behauptet: »Man handelt nur vollkommen, sofern man instinktiv handelt«? So gesehen wäre dann nur noch das Tier vollkommen. Von einer menschlichen Vollkommenheit sprechen, die sich im Streben nach Übereinstimmung mit dem göttlichen Willen zeigt, das konnte Nietzsche damals nicht mehr, denn schließlich mußte er ja seiner Trotzhaltung treu bleiben – bis zu den Tagen, als sich sein Geist verfinsterte. Wie man darüber auch denken und urteilen mag, auch dem, der Nietzsche nicht zustimmt, liefert er Provokationen, über die nachzudenken sich lohnt. Begegnet jeder den Zufällen, die er für sich braucht? Oder kann man über den Zufall ganz anders denken, wenn man ihn mit der Logik in Verbindung bringt?

*Wo die Roulettekugel landen wird, läßt sich nicht voraus-
berechnen. Aber auch sie folgt den Gesetzen der Mechanik.
Die Logik ist kein Allheilmittel.*

2. RUNDWEG

Logik und Zufall

Wegweiser: Außerhalb der Logik ist alles Zufall.

LUDWIG WITTGENSTEIN *(1889–1951)*

Wenn man jemandem nachweisen kann, daß er unlogisch argumentiert, hat er das Rededuell schon verloren. Wir alle bilden uns viel auf unsere Logik ein,
obwohl wir gar nicht so recht wissen, was das eigentlich ist. Vielleicht weiß es niemand, trotz aller wissenschaftlichen Durchdringung. Selbst Ludwig Wittgenstein, der »Cheflogiker« des zwanzigsten Jahrhunderts, hatte zeitlebens die größten Schwierigkeiten mit
ihr. Können wir ihm folgen, wenn er meint, alles, was
geschieht, sei entweder logisch oder zufällig, oder
sollen wir einfach frustriert sagen: Logisch redet
immer der, der uns recht gibt? Eine sehr einfache
Frage: Auf der Theke steht ein Glas Bier. Ist es gesund,
dieses Glas zu trinken? Die Antwort: Ja und nein. Ja,
wenn es jemand als erstes, nein, wenn es jemand als
zwölftes Glas trinkt, wobei nicht einmal diese Aus-

sage richtig sein muß. Was bedeutet das? Kann die beliebte Antwort »jein« in ein logisches System passen? Auch auf diese Frage kann nur mit einem höchst zweideutigen »jein« geantwortet werden. Man muß eben immer sagen: Es kommt darauf an, ob... Aber wenn man immer danach forscht, gerät man in die Verästelungen der Realität und verliert die Logik aus den Augen.

In einer englischen Zeitung las ich einmal diesen logischen Scherz: Man sagt: »Es geht halt nichts über ein geräumiges und gemütliches Haus.« Aber man sagt auch: »Eine einfache Bretterhütte ist immer noch besser als nichts.« Also muß diese Aussage gelten: »Eine einfache Bretterhütte ist besser als ein geräumiges Haus.« Sie glauben das sei falsch? Die »Logik« beweist es Ihnen: Bretterhütte ist besser als nichts – nichts ist besser als geräumiges Haus.

Also: Bretterhütte ist besser als geräumiges Haus.

Wenn Sie das Ergebnis nicht befriedigt, dann müssen Sie sich fragen, woran das liegen kann.

Hier sind wir schon mitten in den Problemen der Sprachlogik. Dazu zunächst eine grundlegende Erklärung: Auf den griechischen Philosophen Aristoteles (384–322 v. Chr.) gehen die vier logischen Axiome (nicht zu beweisende Grundsätze) zurück:

1. Satz der Identität (A = A): A behält im Denkakt seine Bedeutung bei.

2. Satz des Widerspruchs: Entgegengesetzte Urteile können nicht zugleich wahr sein (Wenn richtig ist: »A ist im Zimmer«, dann ist der Satz »A ist nicht im Zimmer« falsch).

3. Satz des ausgeschlossenen Dritten: A ist entweder mit B identisch oder nicht identisch, es gibt keine dritte Möglichkeit.

4. Satz des Grundes: Alles Bestehende hat seinen Grund, aus dem es gefolgert werden kann.

Gegen die Richtigkeit dieser Sätze soll hier nichts gesagt werden, außer dem einen, daß sie nicht überall brauchbar sind. Aber jetzt können wir schon nach der Lösung unseres Problems Ausschau halten. Sie liegt im Satz der Identität. In beiden Sätzen wird das Wort »nichts« verwendet. »Nichts ist besser« und »besser als nichts«. Normalerweise gehen wir also davon aus, daß nach dem Satz der Identität das Wort »nichts« seine Bedeutung beibehält. Aber gerade dies ist hier eben nicht der Fall. Das Wort »nichts« hat anscheinend verschiedene Bedeutungen. Im ersten Satz hat es einen absoluten Sinn. Es gibt (nach ihm) überhaupt nichts Besseres als ein geräumiges Haus, im zweiten Satz hat »nichts« nur eine relative Bedeutung. Besser als (gar) nichts heißt nur, daß im Vergleich zu nichts das Wenige eben noch besser ist. Man kann das aber auch anders darstellen. Etwa so: Das Maximum und das Minimum sind unüberschreitbare Grenzen: Es gibt nichts darüber und nichts darunter. Aber: Das Nichts über dem Höhepunkt liegt woanders als das Nichts unter dem Tiefpunkt. Was ist die Sprachlogik? Antwort: nichts. Wenn man die Logik als etwas Hundertprozentiges ansieht, als etwas ohne Einschränkung Geltendes in dem Sinne, wie es Ludwig Wittgenstein gesagt hat: »Außerhalb der Logik ist alles Zufall«, dann gibt es keine Sprachlogik. Niemand wußte dies besser als Ludwig Wittgenstein selbst. Er erkannte es allerdings erst mehrere Jahre nachdem er den zitierten Satz in seiner berühmten Schrift, dem *Tractatus logico philosophicus,* geschrieben hatte. Das normale menschliche Denken, aber auch die menschliche Sprache ist, wie wir gesehen haben, zwar immer um Logik bemüht, aber zu einer rein logischen Denkweise in der Regel nicht fähig, weil unsere Begriffe schillernd sind. In der Alltagssprache funktioniert die Logik noch viel weniger, als wir meinen. Stellen Sie sich vor, Politiker diskutieren über Begriffe wie Steuergerechtigkeit, Vollbeschäftigung, Preisstabilität, sozialen Frieden und so weiter. Oder noch allgemeiner: Man redet über Demokratie, Gleichberechtigung, Sozialismus oder Fahrkomfort und Umweltverträglichkeit. Mit solchen Worten kann man virtuos jonglieren, ohne daß zwei Zuhörer »identische« Vorstellungen haben. Wenn zum Beispiel die Preise um zwei Prozent gestiegen sind, dann bedeutet das für den einen Preisstabilität, für den anderen schon den Beginn einer Inflation. Der Satz der Identität (A = A) kann nicht gewahrt werden, genausowenig wie der Satz des Widerspruchs und der Satz des ausgeschlossenen Dritten. Anders wäre es nur bei eindeutig feststehenden Definitionen und Meßergebnissen, aber wo außerhalb der Mathematik funktioniert das wirklich einwandfrei? Haben Nietzsches und Wittgensteins Zufall mehr gemeinsam als das Wort? Wie dachte Sigmund Freud über den Zufall?

Es wäre nun falsch, hier einen Mangel, eine Unvollkommenheit zu sehen. Der Mensch kann alles in allem nicht logischer sein als die Welt selbst. Und die steckt voller Widersprüche. Für vieles gibt es einfach keine Lösung, die »richtig« oder »falsch« ist. Überall lauert ein wirres Netz von undurchschaubaren Neben- und Gegenwirkungen. Logisch ist nur die Logik selbst. Oder: Wer die Welt nur logisch sehen will, sieht die Logik, aber nicht die Welt.

So gesehen, dienen die »klassischen« Denksportaufgaben der Schulung im mathematischen und logischen Denken, sie dienen aber nicht dazu, zu erkennen, was in der Welt wirklich vor sich geht. Die Logik ist eine Brücke, aber nicht jeder Weg führt über sie.

Ist der provozierende Satz von Ludwig Wittgenstein nun also richtig oder falsch? Stimmt es, daß außerhalb der Logik alles Zufall ist, oder stimmt es nicht? Die Antwort hierauf können Sie jetzt, nachdem Sie dies gelesen haben, selbst geben. Es hängt alles davon ab, wie Sie das Wort Zufall verstehen und definieren. Wenn Sie so definieren: »Zufall ist alles, was nicht nach den Gesetzen der Logik geschieht«, dann muß der Satz stimmen. Dann hätte er aber keinen Aussagewert, weil er auf einem sogenannten »Zirkelschluß« beruht. Man bemüht den Zufall zur Definition der Logik und die Logik zur Definition des Zufalls. Das bringt also nichts. Da nach dem Satz des Grundes alles Bestehende einen Grund hat, aus dem es gefolgert werden kann, gilt: Das, was keinen Grund hat, was aus Ursachen nicht hergeleitet werden kann, ist zufällig. Das mag also für sich gesehen richtig sein. Aber, Hand aufs Herz, haben wir mit dieser Erklärung irgend etwas Wesentliches erkannt? Sehen wir aber als Zufall etwas an, was keiner erkennbaren Gesetzlichkeit beziehungsweise Notwendigkeit unterliegt, dann merken wir ebenfalls, daß uns Wittgensteins Satz kaum weiterhilft. Alles hängt dann nämlich davon ab, ob wir die Ursachen eines bestimmten Ereignisses erkennen können oder nicht.

Was nützt es uns, wenn man weiß, auch die Roulette-kugel gehorcht den Gesetzen der Mechanik? Wir wissen halt doch nicht, auf welcher Zahl sie schließlich landet. Im Roulette gibt es nur deshalb Zufalls-ergebnisse, weil die Kugel einer Unzahl von kleinsten, ständig wechselnden Einflüssen ausgesetzt ist, deren Wirkung nicht vorausberechnet werden kann. (Die Kraft, mit der das Rad in Gang gesetzt wird, Raum-temperatur, Luftdruck, Geräusche, Erschütterungen, Luftfeuchtigkeit usw.) Wer also wissen will, ob die Roulettekugel sich »logisch« verhält, der müßte erst einmal damit beginnen, den Zufall zu definieren. Aber je genauer wir definieren wollen, desto schwieriger und umständlicher wird die Definition. Schließlich wüßten wir es doch nicht genau.

Unser Schicksal wird von vielen »Zufälligkeiten« be-stimmt, die dann aber vielleicht doch irgendwie für unser Leben notwendig waren. Wollte man dies kon-sequent weiterdenken, so käme man möglicherweise zu dem Ergebnis, daß es gar keine Zufälle gibt, sondern nur Ereignisse, deren Ursachen nicht berechenbar, viel-leicht sogar unerklärbar sind.

Wittgensteins Satz ist also wahr und falsch zugleich. Und gerade dieses Ergebnis ist ganz bestimmt nicht logisch, es verstößt gegen den Satz des Widerspruchs. Aber es ist trotzdem in einem weiteren Sinne wahr. Ist eine solche Aussage nicht zum Verzweifeln? Oder? Was meinen Sie, kann man sich auch darüber freuen, daß nicht nur der Zufall, sondern auch die Logik sich unserem Zugriff entzieht?

Vielleicht gibt es »sinnvolle« Fehlleistungen, deren Sinn erst viel später nachvollziehbar ist. Diktiert auch das Schicksal unsere Irrtümer? Freud glaubte nicht daran.

3. RUNDWEG

Freud auf dem halben Wege

Wegweiser: Ich glaube zwar an äußeren (realen) Zufall, aber nicht an die innere (psychische) Zufälligkeit.

SIGMUND FREUD (1865–1939)

Erst vor ein paar Wochen ist es mir wieder passiert. Ich suchte krampfhaft und verzweifelt im ganzen Haus nach einem wichtigen Brief, den ich »verlegt« haben mußte. Was tut man in so einem Fall? In manchen Gegenden ging man in die Kirche und betete zum heiligen Antonius. Ich bin überzeugt, daß er meist geholfen hat, zumindest dann, wenn man etwas zu Hause »verloren« hatte. Mir hat einst meine Großmutter ein anderes, eher »gegenteiliges« Rezept beigebracht, nämlich eine wohl uralte schwäbische Beschwörungsformel. Man muß diesen magischen Spruch mehrmals vor sich hinsagen und darf dabei an nichts anderes denken:
»Hennadreck, Entadreck,
Deifel tu dei' Pfota weg!«
Ins Hochdeutsche übersetzt, könnte der Spruch vielleicht so lauten:

31

»Hühnerkot, Entenkot,
Teufel nimm hinweg die Pfot'!«
Mir persönlich hilft natürlich nur die Originalfassung.
Ich gebe zu, daß diese Methode nicht allzu modern ist,
aber wenn man der Sache auf den Grund geht, ist sie
zeitlos. Der Teufel, der die Pfoten auf der verlegten
Sache hat, der steckt in unserem Innern, in unserem
Unbewußten. Es ist ein Teil von uns selbst, der uns die
Sachen versteckt oder – ähnlich wie der »Druckfehler-
teufel« – die Fehler diktiert. Es ist der Teufel, der ja
auch anerkanntermaßen im Detail steckt.
Was hätte Freud zu mir gesagt, als ich den »zufällig«
verlegten Brief nach drei Tagen ebenso »zufällig« wieder unter einer Zeitschrift entdeckte? Freud redete natürlich nicht von und mit dem Teufel, zumindest nicht
bewußt. Zu mir hätte er gesagt: »Irrtum, das war kein
Zufall. Sie wollten den Brief nur vor sich selbst verbergen. Sie haben ihn unbewußt so lange versteckt, bis Sie
ihn wieder brauchen konnten. Verlegen und Finden
waren von Ihrer Psyche gesteuert.« Freud spricht also
von der Psyche statt vom Teufel. Das klingt moderner.
Eine ganze Reihe solcher »Freudscher Fehlleistungen«,
als da sind Verlegen, Vergessen, Verwechseln, Verspre-
chen und so weiter, kennen wir aus eigenem Erleben.
Solche Pannen sind – nach Freud – meist von innen
gesteuert und nicht zufällig.
Es geht hier um ein Denkproblem: Was ist äußerer und
was ist innerer Zufall, zwischen denen Freud unterscheidet, und kann es diesen grundsätzlichen Unterschied überhaupt geben?
Zunächst eine Geschichte, die dem russischen Psychologen Ossipow selbst passiert ist, und über die dieser

1922 in einer Zeitschrift berichtet:

Er war zusammen mit seiner Frau auf der Rückfahrt von der Hochzeitsreise. Zwei Stunden vor Moskau täuschte er sich über die Aufenthaltsdauer des Zugs in einem Bahnhof. Er verließ allein den Zug, um sich die Stadt ein wenig anzuschauen. Als er zurückkam, war der Zug mit seiner Frau schon weg. Nachdem er endlich zu Hause angelangt war, sagte die Haushälterin: »Aus dieser Ehe wird nichts Ordentliches!« Tatsächlich, schon nach fünf Monaten war die Ehe geschieden.

Sigmund Freud, der diese Geschichte in einer späteren Auflage seines Buchs *Zur Psychopathologie des Alltagslebens* zitiert, geht mit Ossipow darin einig, daß die scheinbar zufällige Panne eben doch nicht zufällig war. Der junge Ehemann verließ den Zug aus einem »unbewußten Protest« gegen seine Eheschließung. Daß er seinen Zug »unbeabsichtigt« verfehlt hat, war durch einen inneren, psychischen Zustand, dessen er sich zunächst nicht bewußt war, verursacht. Das Versäumen des Zugs war eine »Freudsche Fehlleistung«. Ihr Hintergrund war die unbewußte Absicht, der Ehe zu entfliehen. Aber die Geschichte ist noch nicht zu Ende. In der Stadt, in der Ossipow den Zug versäumte, lebte eine Person, die Jahre später eine große schicksalhafte Bedeutung in seinem Leben gewann. Von dieser Person konnte Ossipow damals auf seiner Hochzeitsreise noch nichts wissen und ahnen.

Jetzt tut sich uns (und Freud) folgende Frage auf: Warum ist Ossipow ausgerechnet in *der* Stadt das passiert, wo ein fremder Mensch lebte, der später in sein Leben eingriff? War auch insoweit das Fehlverhalten kein Zufall? Freud bezeichnet diese Deutung als abergläubisch. Ein Zustand, von dem ich nichts wissen kann, mit dem ich noch nie direkt oder indirekt in Berührung gekommen bin, der kann auch meine Psyche, mein Unbewußtes nicht beeinflussen. Fazit (nach Freud): Daß Ossipow den Zug versäumt hat, war kein Zufall, schließlich konnte er zumindest ahnen, daß die Ehe problematisch würde; daß er aber den Zug in einer Stadt versäumt hat, in der ein ihm unbekannter Mensch wohnte, der erst später für sein Leben Bedeutung erlangen würde, das war äußerer (realer) Zufall.

Nach dieser Geschichte wird der Satz aus dem »Wegweiser«, der zwischen äußerer und innerer Zufälligkeit unterscheidet, verständlich. Aber ist hier Freud nicht auf halbem Wege stehengeblieben? Tut er dem Zufall nicht vielleicht doch Zwang an? Ist diese Unterscheidung auch heute noch gerechtfertigt?

Zunächst die Frage: Was ist Zufall? Es gibt viele Definitionen. Gehen wir von folgender aus: Zufällig ist ein Ereignis, das keiner erkennbaren Ursächlichkeit, Gesetzlichkeit, Notwendigkeit unterliegt. Es ist also ein Ereignis, das nach unserem Verständnis nicht »notwendig« ist. Irgendwelche Ursachen sind zwar vorhanden, aber sie sind für uns nicht nachvollziehbar. Wenn ich den Würfel fallen lasse, kann ich nicht allen Ursachen nachgehen, die schließlich dazu führen, daß eine bestimmte Zahl oben liegt. Aber damit ist das Problem noch längst nicht gelöst. Es ist noch zu bedenken, was das zufällige Ereignis anrichtet, welche Bedeutung es zum Beispiel für das Schicksal eines Menschen erlangen kann. Hierzu ein Beispiel: Ein Brief kommt nicht an. Das kann vordergründig eine ganz einfach nachzuvollziehende Ursache haben. Diese Ursache hat aber nichts mit der Beziehung der Briefpartner zueinander zu tun. Für sie bleibt der Verlust Zufall. Weil der Brief nicht angekommen ist, ging eine Freundschaft in die Brüche. In diesem Zusammenhang wird die Frage nach Zufälligkeit oder Notwendigkeit schon etwas schwieriger. Es leuchtet zwar jedem ein, daß ein verlorener Brief eine Beziehung zerstören kann, aber es bleibt die Frage, warum ist gerade dieser Brief verlorengegangen? Würde man jetzt sagen: Der Brief ist deshalb nicht angekommen, weil die Beziehung beendet werden »mußte«, dann würde, so gesehen, aus dem zufälligen ein notwendiges, nämlich schicksalbedingtes Ereignis. Diese Art der Erklärung hätte Freud als Aberglauben bezeichnet.

Wie sieht es mit der fremden Frau in der fremden Stadt aus, war sie eine Ursache dafür, daß Ossipow den Zug versäumt hat? Spürte er ihre Nähe, ihre Anziehungskraft, ihr Feld? Angenommen, spätere Forschungen würden ergeben, daß eine irgendwie geartete Aura eines Menschen auf solche Weise wirken könnte, dann wäre auch der Ort des Geschehens nicht mehr zufällig. Nach derzeitiger naturwissenschaftlicher Erkenntnis erscheinen Dinge als zusammenhanglos und zufällig, die es vielleicht in Zukunft nicht mehr sind. Wenn wir also den Zufall mit der nicht »erkennbaren« Ursächlichkeit in Verbindung bringen, dann kann es eines Tages geschehen, daß mit zunehmender Erkennbarkeit von Zusammenhängen auch der Zufall aus Regionen flieht, in denen er bisher geherrscht hat.

Gehen wir noch einen Schritt weiter. Unterstellen wir, das »Schicksal«, was immer das auch sein mag, habe hier seine Hand im Spiel gehabt, dann wäre das Ereignis also auch nicht zufällig. Erkennbare Ursache wäre dann das Schicksal. Der Schönheitsfehler besteht nur darin, daß »Fügungen des Schicksals« für uns nicht mit naturwissenschaftlichen Methoden nachvollziehbar sind und daher als zufällig erscheinen müssen.

Wo liegt aber nun die Grenze zum Aberglauben? Freud legt sie in den Menschen. Zusammenhänge, die über den einzelnen Menschen hinausgehen, sieht er nicht und will er nicht erkennen. Damit ist aber noch nicht gesagt, daß es sie nicht gibt. Daß wir sie normalerweise nicht erkennen, ist nur ein bescheidenes Indiz für ihr Nichtvorhandensein. Der Mensch als Teil eines Organismus, der die Bindungen an diesen Organismus nicht in sich erkennt und doch nach ihnen handelt, dies wäre immerhin denkbar.

Ist man aber bereit, psychische Zusammenhänge und Verbindungen anzunehmen, die über die Psyche des einzelnen Menschen hinausgehen, dann müßte man die Grenze zwischen »Zufall« und »Aberglauben« weit verschieben, in Bereiche, in denen das Individuum längst nicht mehr das ist, was es einmal war und wofür Freud und die allgemeine Meinung es gehalten haben. Oder ist es überhaupt müßig, diese Grenze zu suchen?

In Freuds Menschenbild gab es ein besonderes Charakteristikum: seine Verständnislosigkeit gegenüber allem Religiösen; es paßte wohl nicht in sein Weltbild. Folglich mußte er den Glauben an einen Gott für eine infantile Illusion halten, allenfalls für etwas Neurotisches. Was nicht zu einem System gehört, kann mit ihm auch nicht erklärt werden. Logischerweise hätte sich Freud dann zu solchen Fragen nicht äußern dürfen. Er tat es aber zur Genüge.

Freuds Auffassung von Religion, Mystik, Zufall, Schicksal und so weiter ist also nicht »falsch«, sie entspringt aber einem materialistischen Weltbild, das seine Grenzen hat. Viele Menschen halten ihren Horizont für das Ende der Welt. Das kann auch einem Genie passieren.

Einige moderne Psychologen in den USA und anderswo, die Freud nicht mehr als ihren geistigen Stammvater anhimmeln, sprechen von einer neuen sogenannten »Transpersonalen Psychologie«. Sie sehen die Grenzen des Menschlichen, falls es die überhaupt gibt, viel weiter draußen, dort, wo unser Verstand noch nicht hinreicht oder nie hinreichen wird. Aber eigentlich ist dies alles nichts Neues. Vielleicht verlassen wir alle täglich zu unserem Glück irgendeinen Zug an der »falschen« Station. Es käme wohl darauf an, dies wenigstens nachträglich wahrzunehmen.

»Die Bretter, die die Welt bedeuten«, dies gilt nicht nur für den Schauspieler, sondern für uns alle. Aber vielleicht wird dies von Menschen, die ihr Leben dem Theater widmen, am ehesten erkannt. Unübertroffen und zeitlos hat dies Friedrich von Schiller in seinem Gedicht An die Freunde ausgedrückt:

»... Neues – hat die Sonne nie gesehen./ Sehn wir doch das Große aller Zeiten/ Auf den Brettern, die die Welt bedeuten./ Sinnvoll still an uns vorübergehn.«

– Einen ähnlichen Gedanken, aber kürzer und härter hat Dürrenmatt einmal formuliert.

4. RUNDWEG

Wir Schauspieler

Wegweiser: » Was geschieht bist du.
        Es geschieht dir recht.«

FRIEDRICH DÜRRENMATT (1921–1990)

An irgendeinem grauen Ferientag im Winter saß ich vor meiner Spielzeugschublade, war einsam und sieben Jahre alt. Da mir gerade nichts zu spielen einfiel, war ich unzufrieden. Als ich so sinnend dasaß, überlegte ich mir, wie es in der Welt wohl zuginge... Könnte es denn nicht sein, daß ich in Wirklichkeit ein ganz wichtiger Prinz wie im Märchen bin und alle Menschen um mich herum nur dazu da sind, mir zu dienen, daß sie mich das aber ja nicht merken lassen dürfen? Die Welt spielt also um mich herum so eine Art Kasperletheater, und alles, was die Menschen tun, ist auf mich abgestellt, der ich meinen soll, ich sei ein kleiner Bub wie jeder andere.

Diese Idee war schnell wieder verworfen und gründlich vergessen. Ich war ja schon so groß, daß ich zur Schule ging, und nicht mehr so naiv, an eine derartige Konstruktion ernsthaft zu glauben. Eigenartigerweise kam dieser kindliche Gedanke, der insgesamt vielleicht nur eine Minute gedauert hatte, jetzt kürzlich in mir wieder zum Vorschein, und zwar nicht nur als abstrakte Vorstellung, sondern in seinem Bild mitsamt der Spielzeugschublade, vor der ich auf dem Boden saß.

Wenn ich mir die Sache heute überlege, finde ich den Gedanken gar nicht mehr so abwegig wie damals. Zwar hat es sich schon bald herausgestellt, daß kein Königreich auf mich wartete, sondern Krankheiten, Flucht, ärmliche Verhältnisse und noch manches, was nicht zur Rolle des Märchenprinzen paßte. Aber eines ist mir im Lauf der Jahre klargeworden: Die Menschen haben sich mir gegenüber eigentlich immer ähnlich verhalten. Die Art, wie ich spielte, allein und mit anderen, wie ich bisher lebte und welchen Menschen ich begegnet bin und ihnen ich, das alles wiederholt sich. Wenn aber die Menschen, die doch so vielfältig sind, mir gegenüber sich immer so verhalten, wie ich es gewohnt bin, ist es dann nicht wahr, wenn sie mir in der Weise »dienen«, wie ich es »verdiene«? Ist mein Leben etwa das »Königreich«, das auf mich wartete?

Daß ein Draufgänger eine andere Gesellschaft antrifft als ein Mucker, das leuchtet jedem ein. Aber wie steht es mit den Äußerlichkeiten des Lebens? In der Kriminologie befaßt man sich zunehmend nicht nur mit dem Tätertyp, sondern auch mit dem Opfertyp mancher Verbrechen. Es gibt Menschen, denen wird im Lauf ihres Lebens zwölfmal der Geldbeutel gestohlen, anderen passiert das nie. Na ja, denkt man, die müßten halt besser aufpassen. Aber wie ist das mit unschuldigen Verkehrsopfern, die mehrere Male hintereinander ihr heiliges Blech einbüßen? Es gibt arme Menschen, die werden immer wieder geschlagen, ohne daß man von ihnen sagen könnte, sie hätten ein »Ohrfeigengesicht«. Andere haben immer wieder Pech beim Einkaufen. Die Uhren und die Autos, die sie erwerben, bleiben nach ein paar Wochen schon plötzlich stehen.

Kurz gesagt: Woran liegt es, daß viele Menschen immer wieder den gleichen Fehlern anderer begegnen? Wo sie auch beruflich hingeraten, immer wieder leiden sie unter einem rücksichtslosen Chef, oder sie fallen auf den gleichen Typ von Lebenspartner mehrmals herein. Aber es geht ja nicht nur ums Pech. Manche gewinnen mehrere Male im Lotto oder haben immer wieder Glück in der Liebe und beim Chef.

Bei einem Führungsseminar trug eine Teilnehmerin vor, sie habe mit ihren Kollegen immer wieder das Problem, daß diese sie nicht richtig anhörten. Um ihre Klage loszuwerden, flüsterte sie fünf Minuten lang umständlich vor sich hin. Allen anderen Teilnehmern war sofort klar, wo das Problem lag. Aber der Dame selbst kam das ganz anders vor. Als der Seminarleiter etwas ungeduldig wurde, hatte sie das Gefühl: Das ist der Beweis. Dieser Mensch ist auch nicht besser als meine Kollegen. Hier liegt ein Teil der richtigen Erklärung. Die Umwelt spiegelt unser Verhalten wider. Wenn wir uns in der Hand hätten, dann läge es in unserer Hand, wie die Menschen sich uns gegenüber verhalten. Aber bekanntlich ist es ja so: Wer sich selbst nicht im Griff hat, den stecken andere in die Tasche.

Es bleibt aber ein Teil des Problems ungelöst: Woher kommen unsere »guten« und »schlechten« Zufälle? Auch sie stellen sich wohl auf uns ein. Sie fallen aus einer Welt auf uns, die die unsere ist. Irgendwie kommen auch sie aus uns selbst. Aber wie »funktioniert« das?

Durch die Presse ging die Geschichte eines Franzosen, die sich am 20. Januar 1992 ereignete. Der Mann wollte von Marseille nach Straßburg fliegen. Auf der Fahrt zum Flughafen rauschte ein anderer ungebremst mit hundertvierzig auf seinen Sportwagen und verwandelte diesen in Schrott. Eigenartigerweise trug der Fahrer keine Schramme davon. Da ihn der Unfall aufhielt, mußte er – Stunden später – mit einer anderen Maschine fliegen. Ausgerechnet diese stürzte vor Straßburg ab. Der Mensch war einer der wenigen Überlebenden, und wieder blieb er unverletzt.

Bei »normalem« Ablauf dieser Ereignisse hätte der gute Franzose nicht nur tot, sondern zweimal mausetot sein können. Sein Schicksal war offensichtlich das Überleben in diesen Fährnissen. Solche Beispiele gibt es viele: Der österreichische Psychologe Viktor E. Frankl *(Der Mensch vor der Frage nach dem Sinn)* hat das Konzentrationslager unter Bedingungen überlebt, die ein »normaler« Mensch nicht aushält; der württembergische Theologe und Schriftsteller Jörg Zink ist als junger Flieger im Zweiten Weltkrieg mehrmals mit dem Flugzeug abgestürzt, einmal in einer brennenden Maschine bis zwanzig Meter unter die Wasseroberfläche in den Atlantik, und hat überlebt.

Warum ist Mozart mit fünfunddreißig gestorben und Haydn erst mit siebenundsiebzig? Die Erklärung ist ganz »einfach«: Als Haydn fünfunddreißig war, hatte er noch wenig Bedeutendes komponiert. Wäre er damals gestorben, kaum einer würde ihn heute noch kennen. Seine berühmtesten Kompositionen schrieb er erst im Ruhestand. Mozart aber war mit zwanzig schon auf dem Gipfel seiner Meisterschaft. Mit fünfunddreißig hatte er seine Werke vollendet – ungeachtet des Requiems, das ein Torso geblieben ist. Mendelssohn schrieb mit siebzehn die in ihrer Art unübertroffene *Sommernachtstraum-Ouvertüre* und starb mit achtunddreißig. Er blieb der Welt ebensowenig schuldig wie Mozart oder der mit einunddreißig verstorbene Franz Schubert.

Und die vielen frühvollendeten großen Hoffnungen, deren Lebenswerk erst in Ansätzen erkennbar war? Hat der Tod hier Werke verhindert, deren Erscheinen in der Welt schon vorbereitet war? Wir wissen nicht, was ihnen bestimmt gewesen wäre. Oder muß man sagen, es war ihnen trotz der Hoffnung auf größere Werke eben doch nichts anderes bestimmt als ihr früher Tod? Alles, was wir anstellen können, sind Spekulationen. Aber vielleicht waren die frühvollendeten Hoffnungen eben nur Hoffnungen und nicht mehr. Wir wissen es nicht.

Vielleicht können wir annehmen, daß unser Leben ein Stück von uns selbst ist, so wie Carl Zuckmayer seine Lebenserinnerungen nannte: *Als wär's ein Stück von mir* – ein Stück, das er nicht nur geschrieben, sondern selbst erlebt und gespielt hat, und dessen Rollenbuch bei der Geburt schon bereitlag – ungelesen und unleserlich. Wir spielen unsere Rolle schlafwandlerisch, als ob es uns spiele. Die anderen um uns herum spielen mit, für sich, für uns und mit uns. Gilt dann das, was Leibniz gedacht hat? Trägt jeder Keim, jeder Mensch, ja überhaupt alles, was existiert, ein für allemal seine ganze Lebensgeschichte in sich? Ist unsere Lebensgeschichte ein Programm, das schon erstellt ist, das wir aber zum Glück nicht kennen?

Was Dürrenmatt in den obenzitierten Gedichtzeilen ausdrückte, läßt uns eine Welt ahnen, die um uns herum aufgebaut ist wie die Bühne eines Schauspiels, in dem wir eine Rolle spielen, ohne den gesamten Text schon zu kennen. Die Weltuhr und unsere Lebensuhr gehen anscheinend synchron.

Stimmt das alles? Brauchen wir auf solche Fragen wirklich eine Antwort, wo wir doch längst wissen, daß es diese Antwort nicht gibt? Auch wenn niemand weiß, wer oder was unser Schicksal ist: Unser Leben geschieht uns recht.

ZWEITE LANDSCHAFT

Die Wahrheit und ihre Grenzen

Alle Denkwege führen in Richtung Wahrheit, aber keiner endet am Ziel. Eine der vielen Ursachen dafür ist, daß schon der Begriff Wahrheit nicht faßbar ist. Wo sich die Wahr-Nehmungen ändern, ändert sich auch die Wahrheit. Vielleicht gibt es nur eine erlebbare Wahrheit, dort nämlich, wo sich Wege treffen, die in entgegengesetzte Richtungen führen.

Sokrates war ein Meister im Fragen. Lassen wir ihn hier wieder einmal in einer richtigen Frageorgie zu Wort kommen. Vielleicht hätte er sich einem lästig fragenden Schüler gegenüber so verhalten, wie es im folgenden geschildert wird.

5. RUNDWEG

Woher stammt unsere Weisheit?

Wegweiser: ... Verglichen mit diesem Menschen, bin ich doch weiser. Wahrscheinlich weiß ja keiner von uns beiden etwas Rechtes; aber der glaubt, etwas zu wissen, obwohl er es nicht weiß; ich dagegen weiß zwar auch nichts, glaube aber auch nicht, etwas zu wissen. Um diesen kleinen Unterschied bin ich offenbar doch weiser, daß ich eben das, was ich nicht weiß, auch nicht zu wissen vermeine.

PLATON (427–347 v. CHR.):
DIE VERTEIDIGUNGSREDE DES SOKRATES

Schüler: Sokrates, darf ich dich etwas fragen?
Sokrates: Meinst du etwa, ich könne dir eine gescheite Antwort geben?
Schüler: Warum solltest du mir keine richtige Antwort geben können?
Sokrates: Willst du mich fragen, weil du meinst, ich wisse besonders viel?
Schüler: Na und, stimmt das denn etwa nicht?

Sokrates: Wer sagt denn, daß ich viel wisse?

Schüler: Sagen das denn nicht alle Leute?

Sokrates: Und du, glaubst du so einfach, was die Leute daherreden?

Schüler: Warum sollte ich das nicht?

Sokrates: Weißt du nicht, daß normalerweise ein Mensch dem anderen nachredet, ohne sich selbst zu vergewissern, ob das sinnvoll ist?

Schüler: Stimmt es also nicht, daß du viel weißt?

Sokrates: Woher sollte ich denn mein Wissen haben?

Schüler: Wie kommst du darauf, daß gerade dies die Frage war, die ich dir stellen wollte?

Sokrates: War es wirklich nur dies, was du mich fragen wolltest?

Schüler: Also sag, Sokrates, woher hast du dein Wissen?

Sokrates: Was verstehst du unter Wissen?

Schüler: Darf ich den einen Wissenden nennen, der auf viele Fragen die richtige Antwort weiß?

Sokrates: Welche Art von Fragen meinst du denn?

Schüler: Gibt es da grundsätzliche Unterschiede?

Sokrates: Ist es nicht ein Unterschied, ob du mich zum Beispiel fragst, wie viele Krieger die Spartaner haben, oder ob du mich fragst, woran man einen weisen Menschen erkennt?

Schüler: Und weißt du etwa nur auf die zweite Art zu fragen eine Antwort?

Sokrates: Wie könnte ich denn all das wissen, was die Leute gelernt haben, die auf teure Schulen gegangen sind und von berühmten Lehrern gelernt haben?

Schüler: Hast du denn nichts gelernt, Sokrates?

Sokrates: Was verstehst du unter lernen?

Schüler: Besteht es denn nicht darin, sich zu merken, was einem Lehrer und Bücher sagen?

Sokrates: Und meinst du etwa, das reiche aus, um im Leben zurechtzukommen?

Schüler: Willst du damit sagen, daß du auf andere Art gelernt hast?

Sokrates: Was haben denn alle die Menschen gelernt, die keine Lehrer und keine Bücher hatten und doch weise geworden sind?

Schüler: Soll das also heißen, es gebe eine Wahrheit, die sich nicht in Schulen über Lehrer und Bücher vermitteln läßt?

Sokrates: Müßten wir nicht sogar fragen, ob sich Weisheit überhaupt durch Lehrer und Bücher vermitteln läßt?

Schüler: Willst du damit behaupten, Lehrer und Bücher seien überflüssig?

Sokrates: Was heißt überflüssig? Genügt es denn nicht, wenn sie einfach nur das vermitteln, was man die Schüler nachher vordergründig fragen und prüfen kann und was jeder Mensch, der nicht gerade auf den Kopf gefallen ist, sich merken kann?

Schüler: Gehst du dann also davon aus, daß es auch Fragen gibt, die man nicht jedem Menschen stellen kann, daß es also Fragen gibt, die gar keine richtigen Fragen sind?

Sokrates: Wenn ich dich etwas frage, was du nicht beantworten kannst, ist das dann keine Frage?

Schüler: Doch, aber warum fragst du dann?

Sokrates: Wenn ein Mensch viel weiß, ist er dann weise?

Schüler: Wird man denn nicht durch Wissen weise?

Sokrates: Laß mich die Frage umgekehrt stellen: Wenn ein Mensch weise ist, muß er dann viel wissen?

Schüler: Meinst du, es bestehe ein Unterschied zwischen Weisheit und Wissen?

Sokrates: Müßten gerade dies denn nicht schon längst alle Menschen wissen?

Schüler: Aber warum soll man die Weisheit nicht auch durch Fragen erkennen können?

Sokrates: Wenn man diese Frage beantworten könnte, wäre dann die Weisheit nicht auch ein Gegenstand der Vielwisserei?

Schüler: Meinst du also, die Weisheit lasse sich nicht mit wissenschaftlichen Mitteln erkennen?

Sokrates: Habe ich etwa Bücher gelesen und bin ich auf berühmte Schulen gegangen?

Schüler: Meinst du also, deine Weisheit komme vor allem aus dir selbst?

Sokrates: Woher sollte sie sonst kommen?

Schüler: Aber warum fragen dich dann so viele Menschen um Rat, wo doch viele andere mehr wissen als du?

Sokrates: Haben die, die so viele Bücher gelesen haben, auch gelernt, sich selbst zu fragen, in ihr Innerstes, das mit der ganzen Welt verbunden ist, hineinzuhören?

Schüler: Meinst du, hier liege ein Grund der Weisheit? Kann man es denn lernen, nicht nur gelehrte Menschen zu fragen, sondern zunächst einmal sich selbst?

Sokrates: Wenn du dich selbst fragst, wer antwortet dir dann?

Schüler: Weißt du es?

Sokrates: Würde es dir nützen, wenn ich es dir einfach nur sagen würde, ohne daß du es selbst erfährst?

Schüler: Ist das die ganze Antwort auf das, was ich dich fragen wollte?

Sokrates: Habe ich dir denn ein einziges Mal wirklich geantwortet?

Schüler: Kann eine Frage auch eine Antwort sein?

Sokrates: Ja.

*Daß die Sonne jeden Morgen aufgeht, kann man nicht
beweisen ... aber widerlegen. Was haben wir davon?*

6. Rundweg

Schrittweise in Richtung Wahrheit

Wegweiser: Von der Amöbe zu Einstein ist nur ein Schritt.

Karl Popper (1902 – 1994)

Ist solch ein Satz nicht ärgerlich? Unser ganzes raffi-
niertes Denksystem soll im Prinzip nicht anders funktionieren als das einer Amöbe, nur eben um einen
Schritt komplizierter? Und was wäre das dann für ein
Riesenschritt? Was steckt hinter dieser provozierenden
These eines Mannes, dessen Denken dann wohl auch
nicht weiter von der Amöbe entfernt ist als das Einsteins?
Der aus Wien stammende englische Philosoph
und Wissenschaftstheoretiker Sir Karl Popper ist
sicher kein Mensch, dem es in erster Linie darauf
ankommt, seine Zeitgenossen mit ärgerlichen Senten-
zen zu verunsichern. Sein Ziel ist die »Wahrheit«.
Kann sich darunter jeder etwas anderes vorstellen?
Popper sagt: Nein, Wahrheit ist objektiv. Sie ist vom
jeweiligen Betrachter unabhängig. Wahrheit ist absolut. Sie gilt immer, überall und für jeden.

Wenn man es genau betrachtet, ist schon diese Aussage schockierend. Hat man sich nicht daran gewöhnt, daß man jedem seine eigene Wahrheit läßt? Dies lehnt Popper ab. Wahrheit ist etwas, das unabhängig von irgendwelchen Gemütsverfassungen gilt. Für das Psychische interessiert sich Popper nicht, zumindest insoweit nicht, als es zur Rechtfertigung unterschiedlicher Wahrheitserkenntnis führen könnte. Sein Gebiet ist der (natur-)wissenschaftliche Wahrheitsbegriff.

Normalerweise wird man vermuten, daß die Lehren eines Wissenschaftstheoretikers kompliziert und für den Laien unverständlich sind. Bei Popper ist das anders. Sein »System«, wenn man das so nennen darf, ist extrem einfach, ja es ist auf eine ganz kurze Formel, fast so kurz wie Einsteins Relativitätstheorie, zurückzuführen. Wenn wir uns diese Formel angeschaut haben, wird die provozierende Eingangsthese verständlicher, was noch lange nicht heißt, daß wir ihr zustimmen müßten. Das Poppersche System soll hier stichwortartig dargestellt werden.

1. Es gibt die absolute und objektive Wahrheit, aber
2. wir haben sie nicht.
3. Wir können uns dieser Wahrheit nur schrittweise nähern.
4. Wir können eine Behauptung zwar nie beweisen,
5. aber wir können sie gegebenenfalls widerlegen.
6. Wenn wir also feststellen können, was *nicht* wahr ist, bietet sich uns die Chance für eine neue These.
7. Die neue These ist der Wahrheit einen Schritt näher, da sie den Irrtum der widerlegten früheren These vermeidet.
8. Wer etwas entdeckt hat, darf also nicht versuchen,

seine These zu *beweisen,* sondern er muß in erster Linie versuchen, sie zu *widerlegen.*

9. Eine These, die sich nicht widerlegen läßt, gilt deshalb nicht als wahr. Denn es kann ja der Fortschritt der Forschung mit sich bringen, daß sie sich später widerlegen läßt.

10. Die nicht widerlegte These ist immer nur eine vorläufige Lösung. Ihre »Wahrheitsnähe« erscheint um so größer, je weniger Widerlegung möglich zu sein scheint.

Dieses »System« kleidet Popper in eine einfache Formel, die so aussieht:

$$P_1 \to VL \to FE \to P_2$$

P_1 ist das Ausgangsproblem, also Problem 1. VL ist die »vorläufige Lösung«, die anhand der Problemlösung gefunden wurde.

FE ist die »Fehlerelimination«, also die völlige oder teilweise Widerlegung (Falsifizierung) der These. Nach dieser Fehlerelimination zeigt sich das Problem in neuer, geläuterter Gestalt als P_2.

Damit ist die Annäherung an die Wahrheit aber keineswegs abgeschlossen, denn jetzt beginnt die neue Fehlerelimination, und zwar sowohl mehrschichtig und gleichzeitig als auch in zeitlicher und logischer Folge. Wie gesagt, die absolute Wahrheit wird auf diesem Wege zwar nie erreicht, aber die »Wahrheitsähnlichkeit« nimmt mit jedem Schritt zu.

Popper bedient sich eines ganz einfachen Beispiels. Kann man durch Beobachtung beweisen, daß die Sonne jeden Morgen aufgeht und jeden Abend untergeht? Angenommen, es würde einer diese These nach zahlreichen Beobachtungen an vielen Stellen der Welt aufstellen, man würde ihm vielleicht glauben. Denn die Behauptung wird durch unsere eigene Beobachtung jeden Tag bestätigt ... so lange, bis ein Polarfahrer die »unglaubliche« Behauptung aufstellt, es gebe Gebiete, in denen die Sonne nur einmal jährlich, nämlich im Frühling, aufgeht und einmal jährlich, im Herbst, untergeht. Jetzt kommt es darauf an, eine neue These über das Problem Sonnenauf- und -untergang aufzustellen. Diese wird komplizierter sein als die ursprüngliche, aber sie wird der Wahrheit näherliegen als die bisherige. Auch sie kann grundsätzlich widerlegt werden, nur wird es vermutlich immer schwieriger werden. Was folgt daraus? Dürfen wir angesichts der Tatsache, daß wir die absolute, objektive Wahrheit doch nicht erlangen können, resignieren? Popper stellt sich diese Frage nicht. Solange wir keine weitere Erkenntnis haben, können und müssen wir mit der vorläufigen Wahrheit leben und arbeiten. Das Newtonsche Weltbild, das seinerzeit die Grundlage für die gesamte moderne Physik geschaffen hat, war so lange und so weit brauchbar, bis Einstein dessen begrenzte Gültigkeit erkannte. Aber auch Einstein ist grundsätzlich widerlegbar. Diese Widerlegung wird neue Probleme schaffen.

Nun wären wir wieder bei der Amöbe angelangt. Was unterscheidet sie von Einstein? Beide, die Amöbe und Einstein, lösen ihre Probleme auf die gleiche Weise, meint Popper. Die eine auf der Suche nach den besseren Lebens- (und Überlebens-)Bedingungen, der andere auf der Suche nach der objektiven Erkenntnis. Beide lernen sie nicht aus mitgeteilten Wahrheiten, sondern aus bewußt oder unbewußt erkannten Irrtümern und Fehlern.

Ist das alles so einfach? Kann man das Wahrheitsproblem ein für allemal durch den Hinweis auf die ewige Wiederholung von Versuch und Irrtum lösen? Poppers Wahrheitsbegriff ist, wenn man seine These auch auf ihn selbst anwenden darf, und das wird er sich gefallen lassen müssen, ebenso vorläufig wie jeder andere Schritt in Richtung Wahrheit.

Es käme nun also darauf an, herauszubringen, wie man ihn widerlegen kann. Soweit man Poppers Lehre nur dort anwendet, wo sich messen, zählen und wägen läßt, wird dies vermutlich derzeit nicht gelingen. Aber es gibt Gebiete des menschlichen »Wissens«, auf denen das Prinzip von Versuch und Irrtum nicht weiterhilft.

Popper muß diese Gebiete ausgrenzen. »Ich glaube nicht an den Glauben«, sagte er einmal. Er muß sich dann immerhin sagen lassen, daß er sich mit dieser Aussage selbst widerspricht. Wo sich etwas vom Wesen her schon nicht objektiv erkennen läßt, gibt es auch keine Beweislast. Die Aussage, etwas nicht zu glauben, ist in vieler Hinsicht ebenso subjektiv wie die, etwas zu glauben. Wie hilft sich Popper aus diesem Dilemma? Er sagt: »... Ich halte solche Schattierungen des ›Glaubens‹ für meine objektivistische Erkenntnistheorie für uninteressant; sie sollten aber jeden interessieren, der das psychologische Induktionsproblem ernst nimmt – was ich nicht tue.«

Hier ist der Schwachpunkt von Poppers genialem Gerüst. Es ist eine wunderbare Konstruktion, aber sie ist nach unten und oben nicht abgesichert. Sie hängt in der reinen Luft der Naturwissenschaft. Was dort nicht

unterzubringen ist, das ist für ihn entweder »uninteressant« oder »nicht ernst zu nehmen«. Diese Abgren-
zung ist, darf man das über ein so erlauchtes Haupt
sagen, einseitig und eng. Popper hört dort auf, wo
Faust anfing. Immerhin sagt Popper: »Alle Menschen
sind fehlbar, und unsere Suche nach objektiver Wahrheit ist bedroht von unserer Hoffnung, sie bereits
gefunden zu haben.«
Wie das »Gefundenhaben« in der Praxis aussieht,
kann ich an einem Beispiel erklären. Einen sehr renom-
mierten Biologen und Verhaltensforscher habe ich einmal auf die neuartigen Hypothesen von Rupert
Sheldrake über die Ursachen der biologischen Form-
bildung hingewiesen (siehe Rundgang 9 und 20). Die
Antwort des Professors: »Das wird sich nicht beweisen
lassen!« Damit war das Problem für ihn erledigt. Wenn
dieser Professor das System Poppers beherzigt hätte,
dann wäre die Antwort etwa so ausgefallen: Diese
Hypothese paßt nicht zu meiner derzeitigen Grundan-
sicht über die Evolution. Wir müssen versuchen, sie zu
widerlegen. Ich bin gespannt, zu welchen Erkenntnissen wir dabei gelangen werden.
Das ist es nämlich. Immer wieder begegnen wir in der
Diskussion Menschen, die von vornherein sicher sind,
die Wahrheit zu besitzen, und die daher alles, was nicht
dazu paßt, im Vorfeld abblocken. Unter solchen Wahr-
heitsbewahrern auf der Universität, in der Politik, im
Beruf und im Privatleben muß jede Kreativität abster-
ben. – Die Freundschaft zwischen Sigmund Freud und
C. G. Jung ist daran zerbrochen, daß Freud sein
Dogma von der Trieblehre von einem jüngeren Kollegen nicht in Frage stellen lassen wollte. Wer die Wahr-

heit als festen Besitz ansieht, führt auf lange Sicht einen vergeblichen Kampf. Es geht ihm so wie Hemingways altem Mann, der von seiner reichen Beute auf dem Meer nur noch ein wertloses Fischskelett in den Heimathafen bringt. Militante Wahrheitsbewahrer versuchen ihre Glaubhaftigkeit durch Macht zu ersetzen. Sie sehen ihre Wahrheit als ihren Thron an und halten jeden für einen Schurken, der ihnen nicht huldigt. Die (natur-)wissenschaftliche Wahrheit ist eine ständige Baustelle; wenn nicht weitergebaut wird, stürzt sie ein.

Gibt es auch einen gänzlich anderen Wahrheitsbegriff, einen, der vielleicht doch Privatbesitz werden kann?

*Zwischen Wahrheit und Wahrheit gibt es große Unterschie-
de. Kann sie sich auch in einem lächelnden Mädchen verbergen?*

7. RUNDWEG

Wahrheit, was ist das?

Wegweiser: Wahrheit ist, was uns verbindet.

KARL JASPERS (1883–1969)

Manchem mag der Jasperssche Satz auf den ersten
Blick enttäuschend vorkommen, zu anspruchslos, zu
wenig eindeutig. Es gibt doch höhere Begriffe von
Wahrheit, zum Beispiel die Wahrheit, der sich der
Naturwissenschaftler zu nähern versucht, oder die
Wahrheit des faustischen Denkers! Wahrheit ist etwas,
was man möglichst nicht definieren sollte, denn alle
Versuche scheitern. Sie scheitern an dem Bestreben,
wahr sein zu wollen. Auch die weltweit bekannteste
Frage nach der Wahrheit blieb ohne Antwort. Im Ver-
hör sagt Jesus zu Pilatus: »Wer aus der Wahrheit ist,
der hört meine Stimme.« Da fragt Pilatus: »Was ist
Wahrheit?« Diese Frage deutet nicht auf Interesse an
einer Antwort. Sie war allenfalls eine rhetorische Flos-
kel, vielleicht verbunden mit einem Seufzer. Eine neue
Übersetzung läßt daher Pilatus sagen: »Wahrheit, was

ist das?« Man könnte es so verstehen: »Was ist das schon?« Statt eine Antwort zu notieren, schrieb Johannes: »Und da er das gesagt hatte, ging er wieder hinaus zu den Juden.«

Heute nehmen wir es mit der Wahrheit anscheinend doch etwas genauer. Es sind zahlreiche Definitionen im Umlauf, zum Beispiel »Wahrheit ist Übereinstimmung mit der Wirklichkeit«, wobei dann gleich nachgehakt werden könnte: Was ist Übereinstimmung, was ist Wirklichkeit? Oder: »Wahrheit ist Übereinstimmung zwischen Erkenntnis und Wirklichkeit«, oder »Aussagen sind wahr, wenn sie den Tatsachen entsprechen«. Derlei Definitionen gibt es Hunderte. Sie zeichnen sich alle dadurch aus, daß wir uns fragen können: Na und? Sie helfen uns nicht weiter.

Bevor wir eingehender über Wahrheit nachdenken, will ich eine kleine Begebenheit aus meiner Jugend erzählen, die mich in dieser Beziehung weitergebracht hat. Es war 1948, wenige Monate, nachdem das Geld wieder etwas wert war. In unsere Schule in einem kleinen Schwarzwaldstädtchen kam ein wandernder Fotograf, der unsere Klasse vor dem Schulhaus aufnahm. Nach ein paar Wochen konnte man das Bild bestellen. Ich hätte es furchtbar gern gehabt, wollte es dann aber doch nicht, denn es kostete neunundsiebzig Pfennige als Postkarte. Ich muß sagen, daß es uns damals verhältnismäßig gut ging. Wir hatten schließlich zwei Zimmer in einem benachbarten Dorf; das Geld, mit dem uns ein Onkel unterstützte, reichte für Kartoffeln und Brot, und Holz für den Ofen konnte man im Wald selbst sammeln. Mein Vater wartete auf seine Wiedereinstellung in den Postdienst und schrieb an einem

Buch, das nie gedruckt wurde. Das einzige Problem waren für mich diese neunundsiebzig Pfennige, aber darüber redete ich nicht.

Wenige Tage später brachte der Briefträger einen anonymen Brief mit maschinengeschriebener Adresse. Was war darin? Das Klassenbild.

Jetzt stand ich vor einem Rätsel. Wer schickte mir dieses Bild? Ich hatte Vermutungen, aber was war hier die Wahrheit? Nach langem Betrachten des Fotos fand ich sie. Sie stand mitten in der ersten Reihe, hatte rotblonde Zöpfe, hieß Ute und lächelte aus einem Sommersprossengesicht. Die plötzliche Erkenntnis dieser beweislosen Wahrheit war mir damals viel mehr wert als eine vordergründige, unbezweifelbare Sicherheit. Ich fragte das Mädchen nicht.

Viele Jahre später, nachdem ich zwischendurch die Geschichte mit dem Klassenfoto längst vergessen hatte, sah ich bei einem Klassentreffen sie, die mir das Bild geschickt hatte, wieder. Ich erzählte die Geschichte am Tisch. Ihr kurzer Kommentar: »Das war nicht nötig, daß du das erzählt hast.«

Kann die Wahrheit etwas sein, was persönlich ist, was einige Menschen verbindet, und sei es für Minuten oder Tage, etwas das auch nur unaussprechliche Grundlage des Verstehens sein kann?

Karl Jaspers philosophiert nicht speziell über die Wahrheit, sondern über die Existenz. Er erzählt keine Geschichten, sondern er stellt sich einen Leser vor, der bereit und in der Lage ist, seine Thesen unmittelbar nachzuvollziehen. »Existenz ist nur in Kommunikation von Existenzen.« Ein solcher Satz ist extrem hart und knapp. Für sich selbst ist der Mensch nichts, er kann nur existieren, wenn er andere wahrnimmt. Dies ist Voraussetzung für die Selbstwahrnehmung. »Daher gehört zur Existenz die kämpfende Liebe ... denn in keiner sich isolierenden Wahrheit ist noch Wahrheit.« Aus dieser Erkenntnis formuliert Jaspers gewissermaßen sein Bekenntnis zum philosophischen Glauben: »Wahrheit ist, was uns verbindet« und: »In der Kommunikation hat Wahrheit ihren Ursprung.« Wie verhalten sich nun aber solche Aussagen zu der wissenschaftlichen Forderung nach einem objektiven, neutralen, für alle geltenden Wahrheitsbegriff? Gibt es da eine gemeinsame Grundlage, oder leiden wir hier nur an der Unvollkommenheit unserer Sprache, die das gemeinsame Wort Wahrheit für etwas setzt, wofür man eigentlich mindestens zwei verschiedene Begriffe brauchte: einen für die Wahrheit als existenzbegründende Kommunikation unter Menschen, also eine Wahrheit, »aus der man sein« muß, um die menschenverbindende Stimme zu hören, und einen für die Wahrheit, auf die sich der Richter verlassen muß, wenn er einen Zeugen anhört?

Unser Wort »Wahrheit« ist Glied einer großen Sprachfamilie. Da wir hauptsächlich so denken, wie es uns die Sprache vorgibt, auch in ihren unbewußten Zusammenhängen, kann es nichts schaden, sich diese Familie etwas näher anzusehen. Wahrheit kommt von wahren und bewahren. So gesehen, ge-»währ«-leistet sie unser Dasein. Weitere Wortverwandtschaften können unterstellt werden: wehren, warten = wachen (frz. garder), wirken, wert (lat. veritas = Wahrheit), Wort, Urteil. Unter gewissen Vorbehalten kann man diese Wortsippschaft noch weiter ausdehnen: Wurzel, raten, schwören, bewirten, wirren (ver-wirren = Wahrheit verbergen) und schließlich »ich war« eine Nebenform von sein, ebenso wie »werden«. Wo liegt der gemeinsame Sinn all dieser Worte mit der Wurzel »wr«? Er liegt weniger in der Beziehung zur »wirk«-lichkeit als in einer Schutzfunktion. Die Sprache deutet also mehr auf die »Existenzgewährung« der Wahrheit hin. Aber dies ist kein Widerspruch zu ihrer Beziehung zur Wirklichkeit.

Worauf es ankommt ist, zu wissen, daß die Suche nach der hundertprozentigen, völlig objektiven Wahrheit meist vergebens ist. Wichtiger ist die Wahrheit als Grundlage des menschlichen Verstehens. Wahr ist das, worüber ein friedenstiftender Konsens zustande kommt. Damit kann man leben, auch wenn sich eines Tages zeigt, daß die gemeinsame Grundlage revidiert werden muß. Eine so verstandene existenzgewährende Wahrheit hat ein scheues Wesen. Sie verbirgt sich vor Draufgängern. Sie nähert sich nur, wenn wir ihr einen Raum in uns freimachen.

Wahrheit ist nie endgültig, selbst in der Naturwissenschaft nicht. Sie »wartet« uns auf, auch in ihrer immer-»währenden« Vorläufigkeit. Soweit wir aus, in und mit einer solchen Wahrheit leben, tut ihr die Widerlegbarkeit keinen Abbruch. Erst die Widerlegung zwingt zum Umdenken, zu einer neuen Formulierung der Wahrheit.

Was wäre nun gewesen, wenn sich nach dreißig Jahren herausgestellt hätte, daß das Klassenfoto doch nicht von dem Mädchen mit den rotblonden Zöpfen stammte? Ich weiß es nicht. Ich weiß nur, daß mir die damalige Gewißheit weitergeholfen hat. Die Tatsache, daß ich richtig be-wertet hatte, zeigt, daß die Wahrheit Sein und Wirklichkeit verbinden kann. Wenn uns Wahrheit vor dem Chaos be-wahren soll, dann müssen wir einsehen, daß uns nicht jede Wahrheit vor jedem Sturm schützt. Manchmal ist sie ein Schirm, der bei Windwechsel umstülpt. Wir mögen das bedauern, aber die harte Wirklichkeit tut uns nicht jeden Gefallen.

Ein guter Grundsatz ist immer gut, vor allem dann, wenn man weiß, wo man ihn durchbrechen muß.

8. RUNDWEG

Der Weg durch die Hintertür

Wegweiser: Prinzipien halten sich am Leben durch ihre Verletzung.

BERTOLT BRECHT (1898–1956)

Natürlich hat er recht, der Herr Brecht. Das leuchtet ja auch jedem gleich ein. Man soll Prinzipien behandeln wie ein treues Pferd, man soll mit ihnen arbeiten, aber man darf sie nicht zu Tode reiten. Immer eingehaltene Prinzipien werden eines Tages unhaltbar. Sie werden schädlich wie ein Medikament, das man nicht rechtzeitig absetzt. Versucht man aber, über das dem Brechtschen Satz zugrunde liegende »Prinzip« nachzudenken, dann fallen gleich einige geistige Türen ins Schloß, eine ganze Menge wohlvertrauter logischer Denkwege sind plötzlich gesperrt. »Fußgänger, Gehweg gegenüber benutzen«, das ist noch das mindeste, denn normalerweise lieben wir es, immer auf dem gewohnten Pfad zu denken. Wir möchten sein, wer wir sind, und bleiben, wer wir sind und wo wir sind. Es nützt unserem geistigen Bequemlichkeitsstreben, wenn man uns einredet, man müsse einen Standpunkt, einen Grundsatz, ein Prinzip haben und diesem Treue bewahren. Prinzipientreue gilt bekanntlich als Tugend. Dies ist hier keineswegs ironisch gemeint. Wo kämen wir denn schließlich hin, wenn wir jeden Tag aufs neue unsere Denkgrundlagen zusammenbasteln müßten. Nein, das haben wir nicht nötig, wir wissen, wer und wo wir sind. Ausnahmen, die die Regel bestätigen, hat es zwar schon immer gegeben, aber sonst bleibt die Prinzipienwelt heil.

Bert Brecht war in erster Linie Dichter, das heißt, seine Aufgabe sah er vor allem darin, geistige Strömungen in lesbare, hörbare und vor allem szenisch darstellbare Kunst zu übertragen. Daß er weit über diesen dichterischen Tellerrand hinausdachte, ist bekannt. Aber auch er konnte und mußte bewußt oder unbewußt Erkenntnisse seiner Vor-Denker mitverarbeiten. Drei von ihnen seien hier erwähnt: Friedrich Hegel, Karl Marx und Sören Kierkegaard. Es soll hier nicht versucht werden, diese drei Köpfe auf einen Nenner zu bringen, damit täte man jedem von ihnen unrecht. Vielleicht kann man aber ein Gemeinsames darin erblicken, daß sie wußten, wie wenig damit getan ist, immer in einer Richtung, immer geradeaus zu denken. Die Wahrheit ergibt sich nicht auf dem eindeutigen, konsequenten prinzipientreuen Weg, sondern, um beim Bild zu bleiben, dadurch, daß man entgegengesetzte Wege gleichzeitig geht. Wahrheit kann sich allenfalls durch Rede und Gegenrede, durch These und Antithese im Dialog, also dialektisch, ergeben. Sören Kierkegaard hat in seinem Buch *Entweder-Oder* einige Sätze geschrieben, die jeden Logiker in helle Verzweiflung setzen müßten: »Heirate, du wirst es bereuen; heirate nicht, du wirst es auch bereuen; heirate oder heirate nicht, du wirst beides bereuen... Erhänge dich, du wirst es bereuen; erhänge dich nicht, du wirst es auch bereuen; erhänge dich oder erhänge dich nicht, du wirst beides bereuen ...«

Worum geht es bei dieser Art von dialektischer (Un-)Logik? Es geht – modern gesprochen – um die unprogrammierbare Wahrheit. Eine Wahrheit, die sich weder im Entweder noch im Oder konsequent formulieren läßt, eine dramatische Wahrheit, die das Ergebnis eines nicht endenden Kampfes zwischen den Prinzipien ist. Kierkegaard ergänzt seine »Unlogik« mit diesen Sätzen: »Ich habe nur einen Grundsatz, von dem ich noch nicht einmal ausgehe ... denn ginge ich von ihm aus, würde ich es bereuen, ginge ich nicht von ihm aus, würde ich es auch bereuen ...«

Die Aussage: »Ich habe nur den einen Grundsatz, keine Grundsätze zu haben«, ist aber trotz allem Bekenntnis zur Unlogik doch zu weit gegriffen. Man kann nämlich auch das dialektische Prinzip zu Tode reiten. Das wußte auch Brecht. Er schrieb daher in seinem Gedicht *Lob des Zweifels:*

> »Was hilft Zweifelnkönnen dem
> Der nicht sich entschließen kann!
> Falsch mag handeln
> Der sich mit zu wenigen Gründen begnügt.
> Aber untätig bleibt in der Gefahr
> Der zu viele braucht.«

Schon gut, entschieden muß werden, aber nach welchen Prinzipien? Während nun die dialektischen Denker ihre relativen Wahrheiten aus dem Spannungsverhältnis zwischen den Extremen ableiten, war da der Altdenkermeister Kant von ganz anderer Struktur. Er meinte nämlich, jeder müsse so handeln, daß die Grundsätze seiner Entscheidung für alle anderen ganz allgemein gelten könnten. Sein »kategorischer Imperativ« fragt also noch nicht, wie man ein Prinzip umgeht, er selbst ist dieses Prinzip. Natürlich wußte und sagte auch Kant, daß es manchmal für den eigenen Vorteil nützlich sein könne, eine »bestimmte Regel durch geschickte Ausnahmen auch nur auf erträgliche Art den Zwecken des Lebens anzupassen«. Aber gerade dies ließ seine felsenfeste Moral nicht gelten. »Gleichwohl gebietet das sittliche Gesetz jedermann, und zwar die pünktlichste Befolgung.« Jawohl, so ist das. Damit wurde Preußen groß. Im Prinzip hat er ja auch recht, auch heute noch, schließlich soll man sich an seine Grundsätze halten. Aber da die Welt trotz Kant leider nicht so logisch ist, wie er sie gern gesehen hätte, fragt man nach den Grenzen der Prinzipien. Wo geht Prinzipientreue in Sturheit über, und wo fängt, bei Prinzipien-»Untreue«, die geistige Labilität, die Charakterlosigkeit an? Wer so fragt, der hat es noch nicht kapiert. Es gibt keinen nachvollziehbaren Optimierungsprozeß zwischen den Gegensätzen »Charakterlosigkeit« auf der einen und »Sturheit« auf der anderen Seite, der in der goldenen Mitte den festen aber dynamischen Charakter eindeutig erkennen ließe. Wer die Wahrheit immer geradeaus sucht, muß sich vorkommen wie ein Autofahrer im Labyrinth, der mit Entsetzen feststellt, daß sein Wagen keinen Rückwärtsgang hat.

In den siebziger Jahren gab es Psychologen und Managementlehrer, die mit dem damals frisch erworbenen

Computer und irgendwelchen Befragungsergebnissen herumfuchtelten und dann die Eigenschaften der idealen Führungskraft ausrechneten. Auf die Gefahr hin, daß es auch heute noch Leute gibt, die so etwas ernst nehmen, sei gesagt: Die gute Führungskraft ist die, die weiß, wann, wo, unter welchen Umständen und wie man ein Prinzip zu beachten und zu verletzen hat.

Und woher weiß sie das? Diese Frage läßt sich normalerweise nicht beantworten, denn wenn man sie beantworten könnte, wäre ja jeder in der Lage, ebenso zu entscheiden. Und gerade das ist eine vergebliche Hoffnung. Gute Entscheidungen sind selten das Ergebnis eines »Programms«, sie lassen sich oft nicht begründen, man erkennt sie erst im nachhinein, am langfristigen Erfolg.

Für die »Führungslehre« könnte man das etwa so formulieren: Ab einer gewissen Ranghöhe wird man nicht nur für Regeltreue, sondern auch dafür bezahlt, daß man sich über die Bestimmungen hinwegsetzen kann. Von den Prinzipien abweichen darf man aber natürlich nur dann, wenn es zum Erfolg führt. Man kann es dann so sehen: Der erfolgreich verletzte Grundsatz läßt geistige Wendigkeit und Dynamik, der erfolglos verletzte dagegen Rechtsblindheit, Ungehorsam und Labilität erkennen. Das Problem ist dabei nur: Woher weiß man denn im voraus, wie etwas enden wird? Hängt es von unserer Hellsichtigkeit ab, ob wir Spießer, Helden oder Gesetzesbrecher werden müssen? Hinter unserem Drang zur Prinzipientreue steht unser altbewährtes Streben nach zuverlässigen Wenn-dann-Entscheidungen. Der Weg zur Wahrheit wird so entlang einer Kette gesucht, von der wir ein Glied nach dem anderen abhaken wollen. Demgegenüber wurde dann das vernetzte Denken gefordert. Das Entscheidungsnetz ist sicher besser als die Kette, aber der Wirklichkeit wird es auch nicht gerecht. Sie zeigt sich weder in der Kette noch im Netz, nicht einmal in der ausgefüllten Fläche, sie zeigt sich im Raum. Aber dieser Raum hat sicher mehr als nur drei Dimensionen. Mit unseren Entscheidungen können wir ihm nie völlig gerecht werden.

Ob wir »richtig« oder »falsch« entschieden haben, kann sich allenfalls im nachhinein feststellen lassen.

Ein anonymer mittelalterlicher Mystiker, genannt »der Frankfurter«, schrieb im vierzehnten Jahrhundert in der Schrift *Theologia deutsch* diesen eigenartigen, aber zum Nachdenken anregenden Spruch: »Es taugt kein Anfang, er hätte denn ein gutes Ende.« Mit diesem Satz kommen Prinzipien durch den Winter. Oder soll man sich doch lieber an Kant halten mit seiner »pünktlichen Befolgung«? Darüber könnte man von Zeit zu Zeit nachdenken.

Wenn Mozarts Genialität in den Genen lag, ist sie dann durch Zuchtwahl zustande gekommen? Da stimmt doch etwas nicht.

9. RUNDWEG

Darwins Erben in der Klemme

Wegweiser: Für den Naturforscher ist der Mensch ein Lebewesen, das seine Eigenschaften, einschließlich seiner hohen Fähigkeiten des Erkennens, der Evolution verdankt.

KONRAD LORENZ (1903–1989)

Auf dem weiten Gebiet der Evolution ist noch längst nicht die letzte Theorie aufgestellt worden. Biologische Laien können zwar meist nicht mitreden, wo es um wissenschaftliche Forschungsmethoden und -ergebnisse geht. Wo aber Theorien aufgestellt werden, die unsere Sicht der Welt gestalten wollen, haben auch wir das Recht und die Möglichkeit, darüber nachzudenken, ob sie einleuchten oder ob das, was da leuchten soll, nur noch mühsam flackert.

Bekanntlich haben Hunde Briefträger zum Fressen gern. Was fällt diesen Kötern bloß ein, daß sie ausgerechnet den treuen Briefträger beißen, der es doch nur gut mit dem Herrchen meint, selbst dann, wenn er ihm eine Mahnung vom Finanzamt zustellen muß.

Erklärungsversuche für dieses eigenartige Phänomen gibt es zahlreiche, aber keiner ist sonderlich einleuchtend.

Wie geht ein Hunde-, oder allgemeiner gesagt, Verhaltensforscher vor, wenn er irgend etwas an einem Lebewesen erklären will? Wer es nicht schon bisher wußte, kann bei Altmeister Konrad Lorenz in dessen philosophischem Hauptwerk *Die Rückseite des Spiegels. Versuch einer Naturgeschichte des menschlichen Erkennens* außer dem hier oben zitierten auch den folgenden Satz nachlesen: »Schlechterdings alle komplexen Strukturen sämtlicher Organismen sind unter dem Selektionsdruck arterhaltender Leistungen entstanden. Wenn der Biologe auf eine Struktur stößt, deren Funktion er nicht kennt, ist es für ihn selbstverständliche Pflicht zu fragen, worin ihre Leistung bestehe.«

Dies ist eine Grundaussage der Biologie, die übrigens schon Darwin so formuliert haben könnte. Sie war bis vor kurzem eine Art Dogma der Biologen. Wenn wir wissen wollen, welche Hunde gezüchtet wurden und welche nicht (auch die menschlich gesteuerte Zuchtwahl ist ja eine Selektion), dann müssen wir uns nur umsehen. Es sind die, die geschossene Hasen dem Herrn zurückbringen und sich mit den Knochen zufriedengeben und nicht die, die mit der Beute einfach abhauen und sie selbst verzehren. Es sind die Hunde, die beim Herannahen einer fremden Meute anschlagen und nicht die, die sich von fremden Hunden die Knochen stehlen lassen. Das Heranbringen der Beute (und sei es ein geworfener Prügel) und das Bellen beim Anrücken der Freßkonkurrenz, das waren für die Züchter und somit für die Hunde selektionsbegünstigende, arterhaltende Leistungen. So weit, so gut. Aber worin, um Himmels und Darwins willen, besteht die Leistung, wenn Bello seinem Herrchen nicht den toten Hasen, sondern ein Stück Briefträgerhose apportiert?

Es kann als gesichert gelten, daß die Jägerhorden, die in der Steinzeit durch Europa zogen, zwar von hungrigen Schakalen, aber nicht von ebenso hungrigen Postbeamten verfolgt wurden. Ausgangspunkte für einen diesbezüglichen Futterneid lassen sich so nicht finden. Man könnte eher fragen, ob die ansonsten harmlosen Briefträgerbeißer diesen mit irgendeinem anderen Urfeind verwechseln.

Hier geht es um eine ganz andere, viel allgemeinere Frage: Welchen Beitrag leisten solche Erwägungen zu den Grundfragen nach Wahrheit und philosophischer Erkenntnis? Denn, so Lorenz, auch der Mensch verdankt seine Fähigkeit zur Erkenntnis der Evolution. Unter Erkenntnis versteht Lorenz dieses hohe Wort in seiner vollen Bedeutung, also nicht nur das sinnliche Wahrnehmen, sondern letzten Endes auch ihren höchsten Wert, nämlich das Bewußtsein, ein Mensch mit kritischem Verstand zu sein. Was wir sind, ist, wie beim Fliegenpilz und der Hausmaus, das Ergebnis der Evolution, jenem »äonenlangen Werdegang«. Was wir können, muß also in irgendeinem Stadium unserer Geschichte eine selektionsbegünstigende Rolle gespielt haben. Der nächste Schluß ist dann dieser: Wir erkennen das, was wir zum Überleben brauchen. Was wir dazu aber nicht benötigen, das können wir auch nicht erkennen. Wir können uns drei Dimensionen vorstellen. Die vierte Dimension ist zwar mathematisch erklärbar, wir können sie uns aber nicht vorstellen, weil der

Mensch noch nie genötigt war, im täglichen Leben mit ihr umzugehen. Wenn Lorenz in modern unterkühltem Ton sagen konnte, »Tiere und Menschen sind mit abrufbaren Verhaltensprogrammen ausgerüstet ... Tiere reagieren auf bestimmte Reizsituationen in arterhaltend sinnvoller Weise«, dann brauchen wir uns auf unsere Geisteskräfte anscheinend nichts einzubilden.

Ist dann also die menschliche Erkenntnis nicht eine Frage der Metaphysik, sondern nur eine der Biologie? Buchtitel wie *Der nackte Affe* (Morris), *Biologie der Erkenntnis* (Riedl), *Biologie der zehn Gebote* (Wickler), *Zufall und Notwendigkeit* (Monod), *Schöpfung und Zufall* (Schapiro) und ähnliche deuten darauf hin, welchen Anspruch die Biologen auch im Bereich der Philosophie erhoben haben.

Lorenz blieb sicher nicht verborgen, daß der unmittelbare Wert eines Mörikegedichtes oder eines Haydnquartetts für die Evolution fraglich ist und es dennoch Menschen gibt, die dergleichen erkennen und genießen können, ohne daß man ihnen nachsagen kann, dies befähige sie ganz besonders zum Überleben in einer hungrigen und feindseligen Welt und zum Zeugen gesunder Nachkommenschaft – (denn darum geht es ja letztlich in der Evolution).

Überall dort, wo Lorenz in seinen Schriften sich weit von der Schilderung tierischen Verhaltens entfernt, dringt Nebel in seine Gedanken ein. Dies geht nicht nur ihm so, sondern fast jedem, der – und sei er noch so aufgeklärt – am Grunddogma des Neo-Darwinismus festhalten will.

Dieses »Dogma« sei für Uneingeweihte zur Wiederholung hier kurz skizziert: Vererbt werden nur die in den

Genen chemisch gespeicherten und programmierten Eigenschaften. Erfahrungen, die Tier oder Mensch im Lauf ihres Lebens machen, haben keinen Einfluß auf die Gene, sind also nicht erblich. Änderungen in den Genen geschehen nicht durch erlebte Anpassung eines Individuums an die Umwelt, sondern nur durch »zufällige« Mutationen. Das so entstehende veränderte Lebewesen hat entweder einen Selektionsvorteil, zum Beispiel besonders große Flügel, die seinen Nachkommen im Kampf ums Dasein eine größere Chance verschaffen, oder einen Selektionsnachteil, zum Beispiel einen so schweren Kopf, daß der Vogel nicht vom Boden kommt. So einfach ist das, meinen im Prinzip die Nachfolger Darwins heute.

Wie aber kam der Mensch zu seiner Kultur, wo doch jeder weiß, daß der Liedtext ... *denn wer Klavier spielt, hat Glück bei den Fraun* nicht unbedingt biologisch zu verstehen ist? Lorenz hat eine Erklärung. Er meinte: »Die Weitergabe erworbenen Wissens im System der menschlichen Kultur beruht auf anderen Mechanismen als die analogen Vorgänge im System einer Tier- oder Pflanzenart.« Die systematische Einheit des Menschen mit allen Lebewesen wird durch diese Aussage in Frage gestellt und statt dessen eine Art »Vererbbarkeit« kultureller Traditionen verkündet. Diese Vererbung wird nicht durch Gene übertragen, sondern gewissermaßen nach ähnlichen evolutionären Gesetzen durch Übertragung unter Lebenden. Daß der Mensch zu einer solchen Leistung fähig sei, verdanke er einer Mutation, die zu einer sehr schnellen Vergrößerung des Gehirns geführt habe.

Lorenz besinnt sich wieder auf den juristischen Begriff der Vererbung. So lebt der Mensch dank einem doppelten Erbe: Die erste Erbschaft ist die biologische. Der Mensch hat sie in den Genen, und sie verhilft uns zu den erblichen, über die ganze Menschheit verbreiteten Eigenschaften, von der Fähigkeit, gehen zu lernen, bis hin zum Lächeln. Das andere Erbe ist kulturell bedingt und wird jedem Menschen von der Umwelt übertragen. Kurz gesagt: Es gibt angeborene, umweltstabile und individuell erlernte, tradierte, umweltlabile Eigenschaften. Um herauszufinden, woher eine bestimmte Eigenschaft stammt, genügt es, ein neugeborenes oder neugeschlüpftes Tier von seiner üblichen Gesellschaft zu trennen und isoliert aufzuziehen. Alles, was es trotz der Isolation lernt, ist vererbt, was es aber nur in Gesellschaft lernt, ist tradiert, das heißt unter Lebenden übertragen. Beim Menschen verbietet sich ein solcher Versuch, aber man kann folgern: Beim Menschen ist der Anteil des kulturellen, tradierten Wissens im Vergleich zu Tieren, selbst Primaten, extrem hoch.

Kann die Aussage: *entweder* genetisches Erbe *oder* Lernen durch Gesellschaft, Elternhaus und Schule einen Zeitgenossen, der mit wachen Augen die Welt erlebt, noch überzeugen?

Man stelle sich folgendes vor. Da wird ein Kind plötzlich ein begabter Komponist, Computerfreak oder Tennisspieler. Nach der reinen Lehre muß die Begabung entweder durch die Evolution programmiert sein (worin besteht die Leistung? Welche Mutation?), oder aber es liegt am guten Lehrer. Beides spielt sicher eine große Rolle, aber ist sie die entscheidende? Es mag ja sein, daß Spitzensportler, Tennisstars, Medaillengewinner eine besonders große Anziehungskraft auf das andere Geschlecht ausüben. Aber haben sie deshalb mehr Kinder, und neigen diese dazu, die Kinder derer, die nur am Bildschirm zuschauen, langfristig auszurotten? Das Genie Mozart läßt sich weder durch seinen Manager und Vater Leopold noch durch eine Mutation völlig erklären. Unterstellt man aber, daß nun doch irgendwelche Traditionen einen Einfluß auf die Erbmasse des Menschen haben, oder daß sie außerhalb der körperlich erkennbaren Umwelt übertragen werden, dann wäre dies durch den Neo-Darwinismus nicht mehr zu erklären. Macht nichts! Nur sollten die Biologen dann eben sagen, daß sie hier nicht mehr zuständig sind. Aber gerade das tun sie vielfach nicht.

Es wäre eine Anmaßung der Biologen, wenn sie die *Kunst der Fuge,* die Relativitätstheorie und den Wimbledonsieg eines Siebzehnjährigen mit ihren dogmatischen Lehren deuten wollten. Da die Evolution angeblich auf zufälligen Mutationen beruht, müßten indirekt die großen Leistungen der Menschen in gleicher Weise wie der Mensch selbst durch eine Kette von Zufällen erklärbar sein. Jacques Monod (1910–1976), der Verfasser des berühmten Buchs *Zufall und Notwendigkeit,* meint zu wissen, wie Leben und Mensch entstanden sind: »Unsere Losnummer kam beim Glücksspiel heraus.« Vereinfacht gesagt, etwa so: Man nehme einen genügend großen Steinhaufen, schüttle ihn immer wieder neu durch und entferne alle Ergebnisse, die unbrauchbar sind. Eines Tages werden Dome und Wolkenkratzer dastehen. – Auf diese Weise entsteht in Wirklichkeit nicht einmal eine Hundehütte.

Natürlich ist dieses Beispiel absurd. Fast so absurd wie die reine Lehre der Evolutionisten. Schafften der blinde Zufall und die Beseitigung des Unangepaßten irgendeine Entwicklung? Reichen ein paar hunderttausend Jahre, um aus einem affenartigen Primaten den Menschen herauszuzüchten? Geht das alles ohne einen über dem Zufall waltenden Sinn? Wie ist denn der anscheinend erbliche Alkoholismus in die Gene geraten? Wie wenig selbst Lorenz solche Vorgänge durchschauen konnte, zeigt sich an einer entwaffnend naiven Stelle in seinem Buch *Die Rückseite des Spiegels.* Zunächst schreibt er: »Die rasche Veränderung des menschlichen Lebensraums und die von ihm gestellten Anforderungen lassen ... vermuten, daß Homo sapiens zur Zeit in einem raschen genetischen Wandel begriffen sei.« Dann folgt: »Für diese Annahme sprechen auch Beobachtungen wie zum Beispiel die rasche Zunahme der Körpergröße ...« Diese sicher zutreffende Feststellung hätte Lorenz nur dann verwenden dürfen, wenn er zuvor vom Darwinismus ausdrücklich abgerückt wäre. Ist es denn so, daß plötzlich *ein* größerer Mensch durch Zufall entstanden ist und alle, die jetzt größer sind, von diesem einen mutierten »Exemplar« abstammen und die Tendenz haben, alle Kleinergebliebenen zu verdrängen? Ist es nicht vielmehr so, daß die Anpassung hier gerade *nicht* durch Zuchtwahl, sondern durch eine mehr oder weniger gleichzeitige Änderung bei vielen Menschen innerhalb von zwei bis drei Generationen erfolgte? Hier zeigen sich Möglichkeiten, die Entwicklung der Arten in einem ganz neuen Licht zu sehen.

Eine von dem britischen Biochemiker Rupert Sheldrake (*Das schöpferische Universum,* 1981, und *Das*

Gedächtnis der Natur, 1988) aufgestellte Theorie hält »morphische Felder« bei der Gestaltbildung für möglich, die auf zeit- und raumunabhängige Weise das Verhalten und die Gestalt aller Dinge der Welt gewissermaßen über eine Art Resonanz beeinflussen. Mit dieser Theorie wäre die Ausbreitung und Vererbung neuerworbener Eigenschaften mit und ohne unmittelbare Anpassung an die Umwelt denkbar. Eigenschaften könnten dann also nicht nur durch biologischen Erbgang, sondern auch durch Resonanzen mit anderen Lebenden und eventuell auch nicht mehr Lebenden übertragen werden. Mit Sheldrakes Theorie ließe sich noch weit mehr von dem erklären, was Darwin und seine Nachfolger nicht verstehen konnten und können. In den Genen ist anscheinend doch nicht alles gespeichert; wird ihre chemische Speicherkapazität nicht überhaupt überschätzt? Sollte sich die Theorie von Sheldrake durchsetzen, dann wäre der Darwinismus zwar nicht überholt, aber entthront. Viele Phänomene, die er unerklärt lassen muß, erschienen dann in einem völlig neuen Licht. Vielleicht muß man dann nicht von zwei, sondern mindestens von drei Wegen der Übermittlung von Eigenschaften auf die Nachwelt ausgehen:

1. durch (biologischen) Erbgang,
2. durch Informationen über die Sinne (Umwelteinflüsse, Tradition etc.),
3. durch Resonanz mit (raum- und zeitunabhängigen) Feldern.

Ein Teil dessen, was Lorenz gedacht hat, wäre unter dieser Annahme überholt. Nicht überholt wären aber alle die Schriften, in denen er unmittelbar die Natur der

Tiere zu uns sprechen läßt. Die junge Graugans Martina verdient es, unvergessen zu bleiben. Und die zur Unzeit beißenden Hunde? Sie speichern vielleicht etwas aus der Vorzeit in ihrem Kopf, oder sie stehen unter einem undefinierbaren postfeindlichen Einfluß. Beides kann Menschen auch widerfahren.

Was können wir nun erkennen und was nicht? Diese Frage dürfen Verhaltensforscher anscheinend nur so beantworten: Wir können ausschließlich das erkennen, was der im Lauf der Evolution in unseren Genen angesammelten Überlebensstrategie dient. Also: Erkenntnis als nützliche Leistung. Nicht mehr und nicht weniger. Aber nur eine stumme oder hilflose Antwort haben sie auf die Frage: Haben Spitzenleistungen auf dem Gebiet der Religion, der Philosophie, der Kunst, der Naturwissenschaft den einzelnen Menschen überlebensfähiger gemacht? Wenn Darwins Nachfolger sich von ihren Dogmen lösen könnten, sähe manches anders aus. Vielleicht ist es so: Wenn wir nur das an Erkenntnis hätten, was sich in die Gene verpacken läßt, dann säßen wir nicht einmal auf den Bäumen. Wir wären möglicherweise auf der Stufe der Pantoffeltierchen stehengeblieben. Nach der chemischen Formel für den Geist, aus dem wir leben, wird man vergeblich suchen. Läßt man einen Chemiker nach dem »Geist« eines Buches forschen, dann wird er ihn nie finden. Er wird sagen: Das Buch besteht aus nichts als Papier und Druckerschwärze. Wer kann ihn widerlegen?

Es gibt eine Weisheit, die sich nicht auf dem Papier mittei-
len läßt, aber Männer wollen dies anscheinend nicht wahr-
haben.

10. RUNDWEG

Die Philosophie der Frauen

Wegweiser: »*Hast du nicht gemerkt, daß es ein Mittelding*
zwischen Wissen und Nichtwissen gibt?«

DIOTIMA AUS MANTINEIA

Statt einer einseitigen Betrachtung wollen wir das hei-
kle Problem der weiblichen Philosophie dialektisch zur
Kenntnis nehmen, als Dialog zwischen Anna und Bert.

Anna: Warum haben eigentlich die Philosophen alle
miteinander unrecht?
Bert: Wer sagt denn, daß sie unrecht hätten? Das höre
ich zum erstenmal.
Anna: Wenn sie recht hätten, dann müßten sie die
Wahrheit übereinstimmend sehen. Die Mathematiker
streiten sich doch schließlich auch nicht darüber, was
2 x 3 ist.
Bert: Glaubst du, für die Mathematiker gäbe es nichts,
worüber sie streiten könnten?
Anna: Na ja, sie haben doch vieles, wovon sie gemein-

sam ausgehen können. Aber bei den Philosophen konstruiert jeder seine Welt für sich allein. Sie denken, leben und schreiben vollkommen aneinander vorbei. Irgendwann einmal müßten sie doch anfangen, einer neutralen Wahrheit auf die Spur zu kommen, so daß der andere dort weitergehen kann, wo der eine stehengeblieben ist. Aber die Herren fangen doch alle immer wieder ganz von vorn an. Ich glaube, das liegt an der männlichen Eitelkeit und Herrschsucht. Die Denker sind richtige Kampfböcke, sie verteidigen ihr Denkrevier ohne Rücksicht auf Verluste. Man hätte also uns Frauen solche Sachen denken lassen sollen, dann wäre die Welt anders geworden.

Bert: Aber die Frauen durften doch denken.

Anna: Ach was, man nahm unser Denken nicht ernst. Das ging doch spätestens bei den alten Griechen schon los. Die Männer diskutierten, die Frauen waren nur zum Kinderkriegen da. Selbst in punkto Erotik hielt man sich zu Platons Zeiten anscheinend mehr an die schönen Knaben.

Bert: Dann hätten die Frauen eben ihre eigene Philosophie aufbauen müssen. Es gab ja schließlich auch Dichterinnen, und zwar schon bei den alten Griechen. Und übrigens war Sappho auf Lesbos vermutlich ebenfalls mehr an ihren eigenen Geschlechtsgenossinnen interessiert als an starken Männern.

Anna: Das mag sein, aber ich glaube, eine weibliche Philosophie würde ganz anders aussehen als die handelsübliche männliche. Wer weiß, was der Menschheit da alles entgangen ist.

Bert: Ich glaube zwar auch, daß das weibliche Denken anders sein kann, aber dieses Denken ist doch allezeit vorhanden, es wurde nur nicht zu philosophischen Systemen verarbeitet, und das hat seinen guten Grund. Wenn Frauen denken, dann denken sie nicht gleich in Feder und Tinte. Sie theoretisieren nicht für die Nachwelt, sondern sie fühlen und handeln für die Mitwelt. Dies ist schließlich auch eine Liebe zur »Weisheit«, zur »Sophia«. In der Erziehung eines Kindes kann mehr Weisheitsliebe stecken als in Schopenhauers sämtlichen Werken. Nur bleibt eben der Unterschied, daß man den Schopenhauer in Leder gebunden in den Bücherschrank stellen kann, wo er dann, gelesen oder ungelesen, die Jahrzehnte überdauern kann, während das Kind nach ein paar Jahren das Haus verläßt und kaum ahnt, welches Maß an Weisheit es von zu Hause mitbekommen hat.

Anna: Ist das nicht eine männliche Beschönigung des Problems und billiger Trost für die Frauen?

Bert: Ich glaube nicht, daß man auf der Suche nach weiblicher Denkarbeit jetzt noch auf geniale aber unterdrückte und daher ungedruckte philosophische Manuskripte stoßen wird.

Anna: Schade!

Bert: Meinst du?

Anna: Ja, weil das ein ganz anderes Denken wäre.

Bert: Das ist es ja. Es ist ein Denken, das sich nicht zum Aufschreiben eignet, ein Denken, über das man keine formale Rechenschaft ablegen kann, kein perfektes Entweder-Oder, ein Denken, das einfach da ist, es zeigt sich im Handeln, es ist intuitiv, spontan, von Liebe getragen.

Anna: Wie schön du das sagst, ist das wirklich dein Ernst? Meinst du das etwa so: Die Männer schreiben die Sätze und die Frauen leben das, was zwischen den Zeilen steht.

Bert: Danke. So gut hätte ich das nicht sagen können, obwohl du zugeben mußt, daß dieser Satz eigentlich eher männlich formuliert ist.

Anna: Du bist unverbesserlich!

Bert: Damit hast du vermutlich recht. Daß Männer unverbesserlich sind, ist vielleicht der Grund dafür, daß sie meinen, ihr Denken aufschreiben zu müssen, denn …

Anna: … wenn sie überzeugt davon wären, daß alles stimmt, was sie sagen, dann brauchten sie es nicht aufzuschreiben.

Bert: Jetzt wissen wir, warum die Damen unter den Klassikern so schwach vertreten sind, ihre Logik ist nicht so eng.

Anna: Willst du damit sagen, die Frauen seien unlogisch, dies Gerede kenne ich.

Bert: Ach nein, im Gegenteil, sie sind allenfalls manchmal unlogisch im Sinne der männlichen Logik, aber Blaise Pascal sprach ja von einer Herzenslogik im Gegensatz dazu.

Anna: Aber auch Pascal war ein Mann.

Bert: Wenn dich das in diesem Zusammenhang stört, dann denkst du selbst zu männlich, liebe Anna. Der Weg zur Wahrheit führt durch einen riesigen Irrgarten. Und die Denker schreiben alle nur mehr oder weniger über ihre Abenteuer, die sie auf diesem Weg erlebt haben. Jeder macht da seine eigenen Erfahrungen. Ankommen tut ja doch keiner.

Anna: Mich stört eben, daß sie so tun, als wüßten sie und nur sie allein den Weg.

Bert: Das ist es vielleicht. Dort, wo die Rechnungen stimmen, geht die Wirklichkeit nicht auf – und umgekehrt. Für uns Männer scheinen die Rechnungen manchmal wichtiger zu sein als die Wirklichkeit.

Anna: Also halten wir Frauen die Wirklichkeit für wichtiger als die Rechnungen.

Bert: Das Problem ist, daß man aus diesen entgegengesetzten Weisheiten keine umfassende Wahrheit bilden kann. Sie bleibt immer unvollkommen. Aber da fällt mir gerade ein, daß es vielleicht doch einen Ausweg aus diesem Dilemma gibt, und zwar eine tiefe philosophische Erkenntnis.

Anna: Wenn es die Aussage eines Mannes ist, dann ist es auch wieder eine männlich einseitige Lösung.

Bert: Diesmal kann ich dich beruhigen, sie stammt offensichtlich von einer Frau. Was sie gesagt hat, ist, richtig bedacht, vielleicht wichtiger und wesentlicher als das, was Hunderte anderer geschrieben haben.

Anna: Und woher kennt man sie?

Bert: Die, von der ich etwas sagen will, hat vor rund zweitausendfünfhundert Jahren gelebt. Es ist die weise Priesterin Diotima. Wenn man Platon das, was er in seinem *Gastmahl* geschrieben hat, glauben darf, hat Sokrates vieles von ihr gelernt.

Anna: Sokrates als Schüler einer Philosophin, willst du das sagen?

Bert: Genau das. Und noch mehr. Sokrates sagt, Diotima habe ihn auch in den Dingen der Liebe unterrichtet.

Anna: Oh! Wie darf ich das verstehen?

Bert: Platonisch vermutlich, liebe Anna, denn schließlich war es Platon, der darüber berichtet hat.

Anna: Und Ihre Lehre?

Bert: Diotima sagte etwas, was jeden strammen Denker und natürlich auch Sokrates zunächst schockieren mußte. Sie behauptete, es gebe etwas Mittleres zwischen Wissen und Nichtwissen, zwischen Weisheit und Unwissenheit. Dieses sei das »Meinen des Richtigen, ohne Rechenschaft darüber abgeben zu können«.

Anna: Ich verstehe. Wer so denkt wie Diotima, der braucht sich nicht auf eindeutiges, beweisbares Wissen festlegen zu lassen, der steht darüber.

Bert: Die steht darüber! Und dies ist wohl die Grundlage jeder weiblichen Weisheit. Sie besteht darin, daß man sie zwar mit dem Herzen oder sogar mit dem ganzen Körper erfassen kann, daß es über sie aber nichts Eindeutiges zu schreiben gibt. Wenn Diotima sagte, der Eros sei etwas Mittleres, ein Vermittler zwischen Göttlichem und Menschlichem, so gilt dies gerade für das »ewig Weibliche« im Denken, von dem ja auch Goethe so fasziniert war, daß er seinen Faust-Mythos damit gekrönt hat. Die Musen waren Frauen, sie *wußten*, was die Künstler, die sie inspirierten, stammelnd zu verwirklichen suchten. Daran hat sich nichts geändert seit Diotima.

Anna: Aber es ist trotzdem schade, daß man die Weisheit der Frauen nicht in Leinen oder Leder gebunden erhalten hat.

Bert: Euch selbst haben wir in Leinen, kostbare Pelze und in feines Leder eingebunden, nicht eure Werke.

Anna: Und unsere literarischen Werke waren volkstümlicher als eure Denkelaborate.

Bert: Was meinst du damit?

Anna: Sind denn nicht wir Frauen die klassischen Märchenerzählerinnen. Scheherezade konnte tausendundeine Nacht lang erzählen. Selbst die Gebrüder Grimm haben auf Frauen gehört. In den Märchen kommen Weisheit und Erfahrung unmittelbar allen zugute, verschlüsselt, aber wirksam. Das ist unsere Stärke.

Bert: Du hast recht. Die Märchen haben zu allen Zeiten das Denken vermutlich unmittelbarer beeinflußt als die Philosophen, die ja nur von einigen wenigen gelesen wurden.

Anna: Es ist ein verheerender Irrtum, den Begriff Märchen mit »Lügenmärchen« gleichzusetzen. Wo die Märchenerzählerin schon die ganze Welt in ihrem Körper erkannt und gefühlt hat, basteln die Philosophen noch mühsam an ihren Definitionen herum. Können wir also daraus schließen: Die wahren Philosophinnen sind die erzählenden Mütter?

Bert: Ein solcher Schluß wäre mir zu männlich. Ich lasse dir das letzte Wort.

Anna: Ich brauche keine Antwort. Die Wahrheit ist ja auch ein Mittelding, eine Mitteilerin, eine Mittlerin.

Faust war kein »seriöser« Wissenschaftler. Immerhin erfuhr er wesentlich mehr als die Bewahrer der wissenschaftlichen Rechtgläubigkeit.

11. RUNDWEG

Der schwankende Boden der Wissenschaft

Wegweiser: Der Mensch muß bei dem Glauben verharren, daß das Unbegreifliche begreiflich sei, er würde sonst nicht forschen.

JOHANN WOLFGANG VON GOETHE (1749–1832)

Darf man Goethe so verstehen: Alle Forschung beruht auf einem Irrtum, nämlich dem, sie könne uns der wahren Erkenntnis näherbringen? So muß es wohl gemeint sein. Aus heutiger Sicht könnte man dem leicht entgegenhalten, der alte Herr habe eben noch nicht gewußt, wozu die Forschung tatsächlich in der Lage ist. Damals fuhr man noch in Postkutschen und las bei Kerzenlicht. Aber wir heute, wie haben wir es doch mit unserer Forschung »zuletzt so herrlich weit gebracht«. Das Eigenartige daran ist nur, daß man gerade dies auch schon zu Goethes Zeit dachte. Hob sich doch der damalige technische und zivilisatorische Zustand weit von dem noch weiter zurückliegender Zeiten ab. Zu allen Zeiten war man stolz auf den Fortschritt. Wenn solcher Stolz später als naiv erscheint, dann wissen wir, was unserem heutigen Stolz in ein paar Jahren blüht.

Goethe ging es aber in seinem Begriff »Forschen« weniger um die industrielle, anwendungsbezogene Forschung, sondern, wie in seinen eigenen naturwissenschaftlichen Studien, um die Erkenntnis der Welt, also dessen, was die »Welt im Innersten zusammenhält«. Für den kritischen Forscher hat sich eigentlich seither nichts geändert. Der »normale« Forscher aber stellt sich die Goethesche Frage nicht. Er wird an der Universität von Professoren ausgebildet, deren Brauchbarkeit und Nützlichkeit darauf beruht, daß sie sich nie Fragen stellen, die sie in ihrem Vertrauen auf die Richtigkeit ihrer Lehre verunsichern könnten. Die meisten Studenten interessieren sich für solche Zweifel auch gar nicht. Ihr Studium ist nichts anderes als eine lang hingezogene Examensvorbereitung. Ehrlicherweise muß ich gestehen, daß ich während meines juristischen Studiums oft selbst so gedacht habe. Was nützt einem die ganze schöne Bildung, wenn man sein Examen nicht besteht?

Erst Jahre später fragte ich einmal einen angesehenen Physikprofessor, auf welche Weise er seinen Studenten Einblick in seine eigenen Fragen, Zweifel und Grundüberzeugungen gebe. Er antwortete mir: »Meinen Studenten bringe ich nur Dinge bei, von deren Richtigkeit ich hundertprozentig überzeugt bin.«

Natürlich geben längst nicht alle Professoren ihre innere Banalität so großzügig preis, selbst nicht zu vorgerückter alkoholischer Partystunde. Im Grunde genommen sprach dieser Mann aber nur das aus, was viel-

leicht die große Mehrheit seiner Kollegen ebenso empfindet. Und das ist gut so. Ein Forscher, der die eigentlichen Grundlagen und Hintergründe seines Wissens zu
erkennen sucht, der bekommt seine Probleme mit
Schülern und Auftraggebern, die handfeste Ergebnisse
und Ja-Nein-Entscheidungen verlangen. Daran hat sich
seit Goethes Zeit absolut nichts geändert. Die nützliche
Forschung beruht auf der Begreiflichkeit ihrer Objekte.
Was aber geschieht, wenn einem Forscher der Glaube
an die Begreiflichkeit des Unbegreiflichen abhanden
kommt, muß er dann mit seinem Forschen aufhören?
Diese Frage stellte sich Goethe so klassisch und zeitlos
wie kein anderer vor und nach ihm. So entstand ein
neuer Mythos, nämlich der des Forschers, der an den
Grundlagen seines Wissens zweifelt und verzweifelt:
Faust.
Faust, der alle erreichbaren Wissenschaften studiert
hatte, sagt:
»... Und sehe, daß wir nichts wissen können!
Das will mir schier das Herz verbrennen.«

Der Forscher, der an diesem Punkt anlangt, muß in
eine tiefe Lebenskrise stürzen. Er erkennt den Wahn,
dem er seine soziale Stellung – »heiße Magister, heiße
Doktor gar ...« – verdankt. Faust sieht sich jetzt den
banalen Durchschnittstypen konfrontiert, die so denken wie der obenzitierte »moderne« Professor. Überall
wimmeln die Hochschulen von solchen Typen wie
Fausts Famulus (Assistent) Wagner. Der sagt:
»Tut nicht ein braver Mann genug,
Die Kunst, die man ihm übertrug,
Gewissenhaft und pünktlich auszuüben?«

Worin besteht nun eigentlich der Wahn, den der Normalmensch Wagner nicht wahrnimmt, der aber Faust zu zerstören droht? Es ist das Verdrängen all dessen, was hinter dem Begreiflichen verborgen ist.

Wäre Faust heute Professor, man würde ihn wohl nicht ernst nehmen – Goethe mit seinen Ansichten übrigens ebensowenig, auch dort nicht, wo er zwölfbändig im Bücherschrank vor sich hinstaubt. Menschen, die heute noch vom »Unbegreiflichen« reden und »Magie« als Alternative zur rationalen Wissenschaft ansehen, werden auf Universitäten nicht geduldet. Magie? Das ist das Erwägen und Benutzen von Kräften, die nicht in ein Wenn-Dann-Raster passen. Es sind Kräfte, die zwar auftauchen wie lichte Träume, auf die man sich aber nicht verlassen kann, weil keiner weiß, wie sie funktionieren. Solche Kräfte werden von den »modernen« Menschen aller Zeiten bestritten, weil sie naturwissenschaftlichen Kategorien nicht entsprechen. Normalerweise argumentieren die modernen »Wagners« so: Wenn die behaupteten Wirkungen wirklich vorhanden wären, dann müßten sie sich mit naturwissenschaftlichen Methoden nachweisen lassen. Diese Argumentation hat aber einen Haken: Wenn jemand einen Beweis nicht erbringen kann, dann ist damit nur bewiesen, daß etwas (noch) nicht bewiesen ist. Mehr nicht, keineswegs ist das Gegenteil bewiesen, also das Nichtvorhandensein dessen, was bewiesen werden sollte.

Das Unbegreifliche ist das, was Faust mit parawissenschaftlichen, magischen Kräften zu erkennen hoffte. »Drum hab ich mich der Magie ergeben.« Hier, in der Beschäftigung mit verborgenen Kräften, hofft Faust auf Erleuchtungen, die ihm bisher nicht zugänglich waren. Der Umgang mit solchen Kräften setzt voraus, nicht mehr an die starre Grenze zwischen dem Begreiflichen, also dem wissenschaftlich Relevanten, und dem Unbegreiflichen zu glauben. Das Unbegreifliche, das ist das Unbeweisbare jenseits der Grenze zum wissenschaftlich Erfaßbaren. Diese Grenze, die ein (»seriöser«) Wissenschaftler nicht überschreiten darf, wird von allen Naturwissenschaftlern und denen, die sich dafür halten oder ihnen anhängen, wie ein heiliges Dogma im Glaubenskrieg verteidigt.

Die Gegner beiderseits dieser Grenzen verstehen sich nicht nur nicht, sie nehmen sich meist gar nicht wahr. Hinter der Grenze auf der einen Seite sind die »bornierten Materialisten«, die »Technokraten«, die »Reduktionisten« und so weiter. Auf der anderen Seite sitzen die »Naturapostel«, die »Spintisierer«, die »Esoteriker«, die »Homöopathen«, die »Körnerfresser« und die »New-Age-Anhänger«. Der Topf, in den man sich gegenseitig wirft, ist riesengroß. Linientreue Naturwissenschaftler denken im Grunde genommen so auch über Leute, die es wagen, heutzutage immer noch an den lieben Gott zu glauben. Wie groß und weit die gegnerischen Welten für sich sind, nimmt der nicht wahr, der zu schwach ist, die Grenzen zu überschreiten.

Goethe wollte zwischen den feindlichen Lagern vermitteln, weil er, was nur ein Geistesriese kann, mit je einem Bein in beiden Lagern gleichzeitig stand. Deshalb ließ er Faust sagen: »Zwei Seelen wohnen, ach! in meiner Brust.«

Der faustische Forscher bedient sich der rationalen wissenschaftlichen Methoden, weiß aber zugleich, daß sie nur ein Teil der Wahrheit sind, daß sie nicht zu letzten Erkenntnissen führen können, daß die Grenze zwischen Materie und Geist sich auflöst für den, der bereit ist, auf Kräfte einzugehen, die sich ihm nur fast zufällig oder in Augenblicken der Vision erschließen.

Faust ist das Gegenteil eines Nobelpreisträgers. Sein Pakt mit Mephisto ergibt nichts Nützliches, keine neue Meßmethode, kein Heilmittel. Und doch bringt er die Menschheit weiter. Die Menschheit? Goethe geht es nicht um die Menschheit, sondern um das Individuum. Der einzelne Mensch muß sich um die Erlösung bemühen. Da gibt es nichts Objektivierbares: »Der Mensch an sich selbst, insofern er sich seiner gesunden Sinne bedient, ist der größte und genaueste physikalische Apparat, den es geben kann, und das ist eben das größte Unheil der neueren Physik, daß man die Experimente gleichsam vom Menschen abgesondert hat und bloß in dem, was künstliche Instrumente zeigen, die Natur erkennen, ja, was sie leisten kann, dadurch beschränken und beweisen will.« Diesem Goetheschen Prophetenwort ist heute nichts mehr hinzuzufügen. Das Problem ist und bleibt, daß der Mensch selbst mit seinen subjektiven Empfindungen ein Instrument ist, das sich für eine an objektiven Ergebnissen orientierte Wissenschaft nur teilweise eignet.

Die damaligen und heutigen Wagners würden am liebsten alles in ihr statistisches Raster packen. Die Faszination an den Computern tut ein übriges. Ein Beispiel für das, was Goethe sagte, ist ein Zweig der »modernen« Literaturwissenschaft, der mit dem Computer Wörter zählt, Satzlängen, Fragezeichen, Konjunktive und so weiter, und dann mit den Meßergebnissen anderer Dichter vergleicht. Der ganze Sinn dieser einfältigen Methode besteht darin, modern sein zu wollen und mit Computern arbeiten und spielen zu dürfen. Solche »Geisteswissenschaftler«, die sich bei den Naturwissenschaftlern anbiedern wollen, lassen sich zu Handlangern ihrer Computer degradieren. Sie machen die Philologie zu einer Möchtegernnaturwissenschaft. Ähnliches gibt es von anderen Gebieten zu berichten, zum Beispiel von der Psychologie. Auf diese Weise kann man dort den Geist nie finden. Und nach anderem lohnt sich die Suche nicht. Goethe hat fast nie polemisch formuliert. Angesichts einer solchen Geistlosigkeit hätte er sicher einen der Sprache seines Götz von Berlichingen würdigen Ausdruck gefunden.

Es gibt aber nicht nur dieses Extrem, sondern auch sein Gegenteil. Als Gegenreaktion zur Technisierung unseres Denkens ist ein neuer »Industrie«zweig entstanden, die Vermarktung der Esoterik. Alte Weisheitslehren, spirituelle »Techniken« und magische Mixturen werden zu wenig volkstümlichen Preisen, aber mit um so volkstümlicheren Methoden dem Normalverbraucher angedient. Teilweise werden solche Produkte unter dem unklaren und schillernden Oberbegriff »New Age« gehandelt. Was den einen als Zugang zum Heil erscheint, ist den anderen ein Marktplatz der Scharlatane und Betrüger. Auch in diesen Urteilen zeigt sich eine tragische Polarisierung, die keinem nutzt, aber allen schadet. Auch ein kritischer, rational denkender moderner Mensch sollte seine Verteufelungen vorsichtig dosieren. Manche alte Weisheitslehre, die jahrhundertelang praktiziert wurde, kann auch in unserer Zeit wieder geprüft, erkannt und neu entdeckt werden. Es ist niemandem damit gedient, sein Urteil ein für allemal für die eine oder die andere Seite abzugeben. Wer neutral prüfen will, findet dafür Anhaltspunkte in der Art und Weise, wie etwas angepriesen wird. Verheißene Patentrezepte, Allheilmittel und das Verlangen psychischer Abhängigkeit lassen auf Seelenfänger im weitesten Sinne des Wortes schließen. Andererseits gibt es auch vieles, was auf einen heutigen Menschen befreiend und heilend wirken kann, von dem früher nur einige wenige wußten.

Dieses Spannungsverhältnis, das heute wieder akut wird, hat es schon zu anderen Zeiten gegeben. Goethe als Zeitgenosse der Aufklärung an der Schwelle zur Romantik erlebte es am eigenen Leib. Er projizierte seine Zweifel und Lasten auf Faust. Gibt es eine Lösung des Problems? Natürlich nicht. Faust wurde erlöst, aber was mußte er alles durchmachen?! Bei dieser Gelegenheit wird dann der wissenschaftlich orientierte »Normalmensch« erleichtert feststellen können, daß ihm ein Mythenschicksal wie das Fausts erspart bleibt, daß es genügt, ein solches Schicksal zur Kenntnis zu nehmen, ohne es selbst erleben zu müssen. Hieraus mag sich für den gewöhnlichen Menschen eine befreiende Einsicht in unsere Möglichkeiten und Grenzen ergeben. »... er würde sonst nicht forschen.« Es kommt darauf an, wie, wonach und wofür man forscht. Wer den Zweifel kennt, braucht nicht aufzuhören, aber er muß sich vielleicht nach anderen Wegen und Zielen fragen.

Weist Goethe einen neuen Weg? Darüber läßt sich nachdenken. Faust, der Inbegriff des männlichen Forschers, wurde von Mephisto darüber hinaus noch in einen genußsüchtigen Supermacho verwandelt. Dies führte zum Konflikt. Und die Erlösung? Nicht das himmlische Gretchen selbst führte zur Erlösung, sondern das Wesen der Frau in allem: »Jungfrau, Mutter, Königin, Göttin ...« Und dann die letzten Worte der Tragödie: »... Das Ewig-Weibliche zieht uns hinan.« Weiblichkeit als Alternative zum einseitig männlichen Forschen? Könnte sich eine Forschung entwickeln, die die körperliche Empfindung höher wertete als die objektive Messung? Vielleicht müßte sich die männliche Naturwissenschaft, auch soweit sie von Frauen betrieben wird, dazu durchringen, nach anderen Leitbildern zu suchen. Man könnte im übrigen darüber nachdenken, ob Goethes Vision vom »Ewig-Weiblichen« nicht etwas anderes war als die hektisch betriebene Anpassung der Frau an die herkömmliche Männerwelt. Vielleicht bietet sich hier ein neuer Ansatz für eine Forschung in der Welt des Unbeweisbaren. Vielleicht wäre Faust manches erspart geblieben, wenn er eine andere Partnerin gefunden hätte als Gretchen. Aber die hatte ihm ja bekanntlich Mephisto zugeschanzt.

Wie verrückt muß jemand sein, daß er sich heute noch mit Philosophie befaßt? Oder gibt es einen Ausweg?

12. RUNDWEG

Wohin führen dreißig Jahre Denken?

Wegweiser: 1918: Ich bin also der Meinung, die Probleme im Wesentlichen endgültig gelöst zu haben.

1948: Nur wenn man noch viel verrückter denkt als die Philosophen, kann man ihre Probleme lösen.

LUDWIG WITTGENSTEIN (1889–1951)

Welche Entwicklung im Denken muß ein Mensch durchgemacht haben, der innerhalb von dreißig Jahren von der höchsten Überheblichkeit in die tiefste Erniedrigung zu fallen schien. Besteht zwischen diesen beiden extremen Sätzen noch irgendein Zusammenhang? Die Behauptung, die mit anderen Worten sagen will: Ich habe die Probleme der Logik endgültig gelöst, klingt nach einer Anmaßung, die im Bereich der Philosophie allenfalls noch von Nietzsche übertroffen worden war. Wittgenstein war von seiner »Logisch-philosophischen Abhandlung«, die unter dem Titel *Tractatus logico-philosophicus* in unserer Zeit zunehmende Weltberühmtheit erlangt, so fasziniert, daß er sich zunächst nichts darüber Hinausgehendes vorstellen konnte. In der Tat hat er in der Zeit nach ihrem Erscheinen versucht (vergeblich natürlich), der Philosophie endgültig zu entsagen, zum Beispiel als gehänselter und frustrierter Dorfschulmeister. Veröffentlicht hat er sein Leben lang praktisch nichts mehr. Wohl aber hat er nachgedacht und geredet (in Cambridge). Die »Methode«, mit der Wittgenstein sich bemüht hat, die Welt auszuloten, läßt sich auf eine recht einfache Formel verkürzen. Er äußerte sie selbst in seinem *Tractatus:* »Die Grenzen meiner Sprache bedeuten die Grenzen meiner Welt.« Aus diesem gewaltigen Satz folgerte er: »Was wir nicht denken können, das können wir nicht denken; wir können also auch nicht sagen, was wir nicht denken können.«

Ausgerüstet mit diesem Schlüssel, machte sich Wittgenstein hinter die Welt. Er fühlte dem Sagbaren, dem Aussprechbaren bis in die feinsten Verästelungen nach. Zeitlebens blieb er solchen Fragen treu, und vor keiner sprachlichen Spitzfindigkeit verschonte er sein Gehirn. Lebenslange Herausforderung blieben ihm die Grenzen der Sprache. An ihnen bohrte und feilte er herum, ohne sie je überschreiten zu wollen. Selbst das Religiöse, dem er zuneigte, bereitete ihm in erster Linie sprachliche Denkaufgaben.

Die Behauptung des jungen Wittgenstein, die Probleme endgültig gelöst zu haben, war in ihrer Anmaßung allerdings schon 1918 eingeschränkt. Wittgenstein schrieb, daß seine Arbeit auch zeige, »wie wenig damit getan ist, daß die Probleme gelöst sind«. Trotzdem, der Hang zum sprachlich-logischen Perfektionismus führte in eine Sackgasse, aus der Wittgenstein den Weg nie mehr herausfand. Gegen Ende seines Lebens – er hatte

Krebs, lehnte es aber ab, sich operieren zu lassen – schien er zu spüren, daß er sich möglicherweise auf einmalig geniale Weise verrannt hatte. Er sagte: »Ehrgeiz ist der Tod des Denkens.« Dieser innerliche Ehrgeiz, der Wittgenstein in seinem äußeren bescheidenen Leben völlig abgegangen ist, verhinderte vermutlich in all den Jahren nach dem *Tractatus* das Entstehen von weiteren zusammenhängenden und systematisch aufgebauten Schriften. Was er produzierte, waren im wesentlichen nur einzelne Sätze, die gerade deshalb äußerlich zusammenhanglos waren, weil die Systematik sich angesichts seines Vollkommenheitsstrebens mit Mitteln der Sprache gar nicht darstellen ließ. Was blieb ihm da noch anderes übrig, als schließlich zu erkennen, man müsse noch verrückter denken als die Philosophen, um solche Probleme lösen zu können. Die Einsicht, daß sein Denken anscheinend noch immer nicht verrückt genug ist, war vielleicht ein resignierender Seufzer.

Enttäuschend für uns mag sein, daß ein Mensch, der so tief und umfassend denken konnte wie Wittgenstein, anscheinend dennoch nicht zu dem inneren Frieden gefunden hat, der weisen Menschen durch Philosophie verheißen ist. Aber war Wittgenstein denn wirklich Philosoph? War er nicht eher Antiphilosoph? Dies belegt sein berühmter Spruch:

»Die Ergebnisse der Philosophie sind die Entdeckung irgendeines schlichten Unsinns und Beulen, die sich der Verstand beim Anrennen an die Grenzen der Sprache geholt hat.«

Wittgensteins Verstand litt unter den genialen Beulen, die er sich auf diese Weise an den Wänden seines selbstgezimmerten Sprachkäfigs erworben hatte. Er muß gespürt haben, daß er so nicht weiterkam.

Anscheinend ist so die Forderung, im Chaos, im »Unsinn« oder in der »Verrücktheit« eine höhere Weisheit suchen zu müssen, der einzige Ausweg, wenn der nüchterne Verstand nicht weiterhilft. Diese Erkenntnis ist absolut nicht neu, sie ist sogar sehr alt – aber sie widerspricht dem abendländischen Denken. Unser Streben nach Ordnung, nach dem Geborgensein in durchschaubaren, nachvollziehbaren Strukturen, nicht nur im Denken, ist weltweit keine Selbstverständlichkeit. Nur ganz langsam scheint auch bei uns wieder ins Bewußtsein zu dringen, daß unsere teilweise noch perfektionistische Einstellung nicht unbedingt der einzige Gipfel des menschlichen Denkens sein wird.

Dem asiatischen Denken ist die von Wittgenstein bis zum Exzeß getriebene (Sprach-)Logik unbekannt. Dort gibt es Denkschulen, die auf das genaue Gegenteil hinzielen. Zen-Mönche haben sich mit Aufgaben zu befassen, die ein Denken voraussetzen und einüben, das uns nicht nur völlig ab-, sondern auch gegen den Strich geht. Das Buch *Mumokan* (Die torlose Schranke) ist im dreizehnten Jahrhundert in China entstanden und enthält achtundvierzig »Koans« (Denkaufgaben), die so paradox formuliert sind, daß ein Normalmensch sie für unsinnig halten muß. Die Aufgabe des Schülers besteht nun darin, über ein bestimmtes Koan so lange nachzudenken, zu sinnieren, zu meditieren, bis er jenseits aller »Vernunft« und logischer Zusammenhänge einen neuen, ungeahnten, unaussprechlichen Sinn aufleuchten spürt.

Hierfür ein Beispiel aus dem Buch des Meisters Mumon: Ein Mönch fragte einmal den Joshu: »Welchen Sinn hat es, daß der Patriarch aus dem Westen kommt?« Joshu antwortete: »Die Eiche im Vorgarten.«

Selbst einem Menschen der damaligen Zeit, der die Worte Patriarch, Eiche, Vorgarten in einem völlig anderen Licht sieht als wir, kann ein solcher Satz nur unsinnig vorgekommen sein. Logische Regungen mußten im Keim erstickt werden, um Raum zu schaffen für logikfreie Einsichten und Vorstellungen. Diesem Koan fügte der Meister Mumon folgendes »Gedicht« bei:

»Worte geben keine Wirklichkeit wieder; Schriftzeichen enthalten nicht den Geist des Inneren. Wer sich an Worte klammert, ist verloren; wer an Schriftzeichen festhält, wird in Unwissenheit verbleiben.«

Dieses Gedicht fordert ziemlich genau das Gegenteil dessen, worum Wittgenstein jahrzehntelang (mehr oder weniger vergeblich) gerungen hat. Bei den Zen-Denkübungen ist allerdings zu beachten, daß sie nicht zur Lösung von Alltagsproblemen geschaffen waren, sie hatten eine spirituelle, religiöse Funktion. Sie sollten Mönchen eine Verbindung mit dem Absoluten ermöglichen. Sie sollten lernen, in geistige Bereiche einzudringen, die der Vernunft verschlossen sind. Dazu mußten sie über scheinbar Unsinniges so lange meditieren, bis sich die Frage nach dem Sinn in nichts auflöste und ein Tor zu einem völlig anderen Denken aufsprang.

Wenn man solche Zusammenhänge sieht, dann erhält Wittgensteins resignierende Erkenntnis »Ehrgeiz ist der Tod des Denkens« einen neuen Sinn. Läßt sich dann nicht auch umgekehrt schließen: Ohne Ehrgeiz erwacht das Denken zu einem anderen Leben? Auch dieser Satz mag absurd klingen, wenn er aber durch die Grunderkenntnis der Zen-Meister geläutert ist, mag er Sinn erhalten. Das »verrückte Denken«, von dem Wittgenstein spricht, ist vielleicht gerade so etwas, was die Zen-Meister ihren Schülern beibringen wollten.

Übrigens war Wittgenstein einer solchen Erkenntnis auch in seiner Jugend schon ganz nahegerückt. In seinem *Tractatus* sagte er: »Die Lösung des Problems des Lebens merkt man am Verschwinden dieses Problems.«

Eigenartigerweise hat Wittgenstein bis wenige Tage vor seinem Tod an der Grenze zwischen Sprache und Leben herumgestochert.

Wer die Welt nur unter logischen Gesichtspunkten betrachten will, dem bleiben vermutlich nur zwei Möglichkeiten: Entweder er hält die Welt für verrückt, oder er wird es selbst.

DRITTE LANDSCHAFT

Ursache und Zukunft

Wir wandern in der Gegenwart, mit dem Rücken zur Zukunft. Von dieser reden wir, ohne zu wissen, wie sie aussieht. Wir wissen nicht einmal, ob der Weg, den wir gehen, durch uns neu entsteht, oder ob er längst vorgezeichnet ist.

Kann eine Taube einen Turm einstürzen lassen? Selbst die
Geometrie hat Tücken.

13. RUNDWEG

Geometrische Katastrophen

Wegweiser: Niemand kann zweimal in den gleichen Fluß
steigen.

HERAKLIT (CA. 540–480 V. CHR.)

Es ist eine metaphysische Doktrin, daß gleiche Ursa-
chen gleiche Wirkungen nach sich zögen. Niemand
kann sie bestreiten. Ihr Nutzen ist aber gering in einer
Welt wie dieser, in der gleiche Ursachen niemals wie-
der eintreten und nichts zum zweitenmal geschieht.

JAMES CLERK MAXWELL (1831–1879),
BRITISCHER PHYSIKER

Die Fähre aus Korsika kam bei Sonnenaufgang in
Genua an. Da wir für die Heimfahrt den ganzen Tag
zur Verfügung hatten, beschlossen wir, einen touristi-
schen Abstecher in die alte Universitätsstadt Pavia süd-
lich von Mailand zu unternehmen. Wir waren nicht
vorbereitet und lasen daher kurz vor der Ankunft in
Pavia im Reiseführer einiges über diese Stadt. Da

wurde unter anderem auf den neben dem Dom stehenden Stadtturm aus dem zwölften Jahrhundert hingewiesen. Kurze Zeit später standen wir an dieser Stelle, vermißten aber den »versprochenen« Turm. Statt dessen waren da nur eine leere Fläche und einige beschädigte Häuser. Wir fragten einen älteren Herrn, wo denn der Turm geblieben sei. »Das wissen Sie nicht?« sagte er, »der ist doch erst vor einigen Wochen eingestürzt, fünf Tote!« Dann nahm er seinen Taschentuchzipfel zwischen zwei Finger und ließ ihn auf die andere Hand fallen. »Sehen Sie, so war es. Der Turm ist nicht umgefallen, sondern plötzlich in sich zusammengesackt.« Wir fragten nach der Ursache. »Das weiß keiner, vielleicht hat sich eine Taube auf den Turmhelm gesetzt.«

Diese Erklärung erschien uns zunächst ironisch. Aber wer weiß, womöglich hatte der Mann recht. Natürlich haben siebenhundert Jahre dem Turm zugesetzt, er mag Risse gehabt haben, die Ziegel waren brüchig. So gesehen gab es sicher viele Ursachen, aber was brachte buchstäblich den Stein ins Rollen? (Übrigens war auf ähnliche Weise am 14. Juli 1902 der Campanile von San Marco in Venedig eingestürzt.)

Im Jahr 1972 erschien das Buch *Stabilité structurelle et morphogenèse* des Mathematikers René Thom, der darauf hinwies, daß unter mehreren Einflußgrößen scheinbar linear verlaufende mathematische Entwicklungen und regelmäßige geometrische Gebilde bei weiterer Fortschreibung zusammenbrechen, einen Knick erhalten oder sich in diffuse Felder auflösen können, kurz gesagt: Es gibt mathematische Entwicklungen, die zunächst regelmäßig verlaufen und dann irgendwann einmal, scheinbar unerwartet, ihr Wesen ändern. Das abrupte Abbrechen von Entwicklungen, diesen auch geometrisch darstellbaren »Knick«, nannte Thom die »Katastrophe«, andere sprechen hier vom »Chaos«.

Daß die Mathematik längst nicht das ist, wofür sie der Laie hält, ist nichts Neues. Daß sie aber derart aus den Fugen geraten kann, war eine Überraschung. So zeigte sich beispielsweise, daß, je nachdem, ob man mit sechs oder acht Dezimalen rechnete, bei manchen Problemen nicht ähnliche, sondern völlig verschiedene Ergebnisse herauskamen. Die gerundeten Dezimalen machten das Ergebnis nicht etwa nur ungenauer, sondern sie veränderten es völlig. Der Zusammenbruch beziehungsweise das plötzliche Abknicken der Entwicklung war also nicht linear, etwa im voraus abschätzbar, sondern es zeigte sich ein »chaotisches« Verhalten. Frei übersetzt: Wann die mathematische Fortschreibung, die Kurve oder der Turm zusammenbrechen, kann mit linearen Vorstellungen nicht vorausgesehen werden, sondern das hängt davon ab, *wie* die Einflußgrößen zusammenwirken. So gesehen war also das Wort von der Taube, die den Turm zum Einsturz gebracht habe, eine plausible Erklärung. Hätte sie sich eine Minute vorher oder nachher auf den Turm gesetzt, wäre der vielleicht an einem anderen Tag oder erst Jahre später zusammengebrochen. Es wird behauptet, sogar der Flügelschlag eines Schmetterlings beeinflusse unser Wetter.

Wie kommt nun eine solche Katastrophe zustande? In dem 1985 in deutscher Übersetzung erschienenen Buch des in Paris lehrenden Mathematikers Ivar Ekeland *Das Vorhersehbare und das Unvorhersehbare* zeigt dieser ein extrem vereinfachtes Beispiel, wie man sich als Laie eine solche Entwicklung vorstellen kann. Dieses Beispiel wird hier in etwas abgeänderter Form gezeigt. Man stelle sich eine Kugel in einer halbkugelförmigen Schale vor, die sich langsam neigt. Zunächst bleibt die Kugel unverändert im stabilen Gleichgewicht. Hat sich die Schale allmählich um neunzig Grad geneigt, dann gerät die Kugel aus dem stabilen ins labile Gleichgewicht. An dieser Stelle braucht es wahrlich nur noch den Flügelschlag eines Schmetterlings, um sie abstürzen zu lassen. Bewegt sich nun aber die Schale in ihre ursprüngliche Stellung zurück, dann verbleibt die Kugel trotzdem dort, wo sie hingefallen ist und springt nicht zurück in die Schale. Wer die alte Ausgangsposition wiederherstellt, beseitigt damit also nicht die Folgen der Katastrophe. Aus Heraklits Fluß ist im Vorüberströmen ein anderer geworden.

Wer die Entwicklung im nachhinein beobachten kann, für den ist es natürlich klar, daß die Katastrophe kommen »mußte«. Leider tut uns die Natur in der Regel nicht den Gefallen, uns in ihr Netz aller wirkenden Ursachen schauen zu lassen. Die Zahl der Ursachen und Einflüsse ist unendlich in ihrer Kombination. Ein Elektron am Rande des Weltalls, so wird gesagt, kann unser Leben noch beeinflussen. Normalerweise sehen wir nur die Auswirkungen, nicht aber das komplizierte Geflecht, aus dem sie wachsen. Wir erkennen also in dem gezeigten Beispiel nur das Verhalten der Kugel, ihren Stillstand und plötzlichen Fall, nicht aber die sich neigende Schale.

Beobachten wir das Verhalten der Kugel als zeitlichen Ablauf, dann sehen wir bis zum Zeitpunkt des Falls noch die heile Welt, den unbeschädigten Turm, das gesunde Herz, den grünen Wald, den lebenden Schmetterling, das florierende Unternehmen. Was wir so nicht sehen können, das ist die vielleicht schon ganz nahe Katastrophe. Man kann das allerdings auch umgekehrt sehen: Das plötzliche und nicht vorhergesehene Ereignis mag auch die Rettung aus der Not sein, ein neuer, bisher nicht für möglich gehaltener Zustand.

Wie kann sich die Naturwissenschaft unter solchen Aspekten verhalten? An ihren bekannten Möglichkeiten brauchen wir nicht zu zweifeln, soweit sie sich auf Gebiete erstrecken, in denen die Einflüsse, die von außerhalb des Systems kommen, so unbedeutend oder langsam sind, daß sie vernachlässigt werden können. Seit Kepler das Planetensystem entschlüsselt und Newton es erklärt hat, gibt es hier eine (fast) unbegrenzte Grundlage für die Vorhersehbarkeit von Ereignissen innerhalb von Zeiträumen, die dem winzigen und kurzlebigen Menschen unendlich groß zu sein scheinen. Aber wie sieht es beispielsweise beim Roulette aus? Was läßt sich hier wiederholen? Es bleibt uns also nichts anderes übrig, als hier Zufall und Wahrscheinlichkeit zu bemühen, obwohl doch auch die Roulettekugel dem Prinzip von Ursache und Wirkung ausgesetzt ist.

Wo »alles fließt«, wie Heraklit sagte, gibt es Ähnlichkeiten, Analogien, Wahrscheinlichkeiten, aber keine exakte Wiederholung des Lebendigen. Katastrophen und Glücksfälle kommen aus dem Untergrund, sie kommen oft nicht allmählich, sondern sie sind plötzlich da. Beim »schiefen Turm« von Pisa liegen die Verhältnisse übrigens ganz anders. Hier ist ein Beispiel, in dem die Ursache der drohenden Katastrophe, nämlich der zunehmende Neigungswinkel, offen zutage liegt. Die »Schwarzen Freitage« haben auch ihre Ursachen, aber wer durchschaut sie?

Ekeland spricht von der Rückkehr der Geometrie. Sie kann Zustände und Entwicklungen darstellen, die zahlenmäßig nicht überschaubar sind. Thom, als ein Begründer der »Katastrophenmathematik« schrieb daher: »Die Eidechsen auf einer alten Mauer, die Form einer Wolke, das Trudeln eines abgestorbenen Blattes, die Schaumkrone auf einem Glas Bier … wer weiß, ob eine etwas gründlichere mathematische Reflexion über derartige kleine Erscheinungen sich letztlich nicht als profitabler für die Wissenschaft erweisen würde.«

Wir haben uns daran gewöhnt, das zu erforschen, was sich zuverlässig zu wiederholen scheint. Aber an den Rändern der Routine lauert das Chaos, die Überraschung, die Schöpfung, die Katastrophe oder die Erlösung und der neue Lichtblick. Wer wagt sich hinaus? Können wir da draußen noch einige Schritte weiterdenken, dann erscheint uns die Mathematik selbst als etwas Menschliches, das wie alles einen Anfang und ein Ende hat. Hat der Schöpfer die mathematischen Gesetze wirklich schon angetroffen, bevor er sich ans Werk machte, die Welt zu erschaffen, oder sind sie selbst nur einer seiner spontanen Einfälle, die »eines Tages« wieder vergehen werden? Uns erscheint dies unvorstellbar. Aber wir können uns klar darüber werden, welch kurzatmige Lebewesen wir Menschen im Kosmos sind, dessen »Fix«-Sterne doch auch nur in aufgeregten Staubwolken umherwirbeln, nach Gesetzen, die wir nicht durchschauen. Die Zeitbedingtheit der Mathematik im ewigen Kommen und Gehen aller Erscheinungen »leuchtet« uns nicht ein. Ist dies ein Argument? Oder gibt es Ordnungen, die jenseits aller uns zugänglichen Gesetzmäßigkeiten neue, eigene, höhere Gesetze haben, die nur denen »einleuchten«, die sich von den uns zugänglichen Gesetzen nicht blenden lassen? Die Frage, die sich ein Forscher stellen müßte, der sich über den Rand der Rationalität hinausbegeben wollte, könnte so lauten: Nach welchen übergeordneten Gesetzen entstehen und vergehen unsere »ewigen« Gesetze? Ist die Mathematik auch ein vorüberziehender Fluß?

Die Antwort auf solche Fragen werden wir zumindest dann nicht finden, wenn wir zur Lösung eines solchen Problems die uns bekannten Gesetze heranziehen. Das Neue kommt von außen. Vielleicht ist es schon da und wir können oder wollen es nur nicht sehen!

Jede Gefahr und jede Chance hat einen Keim. Aber wer erkennt aus dem Keim die ausgewachsene Pflanze?

14. RUNDWEG

Informationen aus der Zukunft

Wegweiser: »... *handle, ehe es da ist / lenk es, ehe es wirr wird* ...«

LAOTSE (1. JAHRTAUSEND V. CHR.)

Dieser Satz aus dem vierundsechzigsten Spruch des *Tao-teking* des Laotse ist, wie fast alles in diesen einund-achtzig Sprüchen, trotz den einfachen Worten schwer zu begreifen, er ist aber auch inhaltlich eine Zumu-tung. Die Weisheit dieses Spruchs ist die größte Her-ausforderung und andererseits auch das höchste Maß nicht nur für einen Politiker, sondern für jeden, der Verantwortung für sich und andere trägt. Er soll auf etwas reagieren, das noch gar nicht da ist, er soll etwas lenken, das scheinbar noch keiner Lenkung bedarf, kurz gesagt, er soll die Informationen für sein Handeln gefälligst aus der Zukunft beziehen. Verlangt also der »alte Meister« (chin. Laotse), daß ein Staatsmann Hellseher sei? Auch wenn man sich darüber unterhal-ten könnte, was man unter einem »Hellseher« zu ver-stehen hat, Laotse verlangt nicht, daß sein idealer

Staatsmann übersinnliche Kräfte besitze. Das ganze *Taoteking* ist für irdische, erdverbundene Leute gedacht, es ist von dieser Welt. Das Jenseits bleibt bei Laotse fast aus dem Spiel, nur darf man nicht fragen, was das Tao ist, denn man kann es nicht beschreiben und nicht benennen.

Warum soll der Staatsmann auf das Unsichtbare reagieren? Die Erklärung ist leicht, aber danach zu handeln ist schwer. Laotse erklärt seine Weisheit so: »Ruhendes ist leicht zu halten / Keimendes ist leicht zu leiten / Sprödes leicht zu teilen / Geringes leicht zu zerstreuen / handle, ehe es da ist / lenk es, ehe es wirr wird / der kaum zu umspannende Baum / erwuchs aus dem Reis / der neunstöckige Turm / begann mit dem Häufchen Lehm / die Reise von tausend Meilen / mit einem Schritt ...« (64. Spruch).

Es geht also darum, das, was wird, das Drohende, im Keim zu entdecken und es zu lenken, ehe es zur Gefahr wird. Hierin besteht die schwierigste Aufgabe für jeden.

Wenn man das Bild eines erwachsenen Menschen mit seinem Kinderbild vergleicht, dann kann man leicht erkennen, daß der Mensch als Kind schon ganz angelegt war. Die kindlichen Züge tragen schon in vielem das Wesen des späteren Erwachsenen, »ganz der Vater!«. Aber was das Wesen und das Gemeinsame auf den beiden Bildern ist, das erkennt man eben erst, wenn man den erwachsenen Menschen später mit seinem Kinderbild vergleicht. Könnte man nun auch umgekehrt von einem Maler verlangen, daß er anhand eines Kinderbilds den erwachsenen Menschen treffend porträtiere? Dies wäre die Aufgabe für ein Genie. Und genau das ist es wohl auch, was Laotse von seinem weisen Staatsmann verlangt. Nicht aus jedem Keim wird ein großer Baum, nicht aus jedem Schritt eine große Reise und nicht aus jedem Lehmhaufen ein Turm. Aber es bleibt die Kunst, aus den Keimen den Baum, aus den Schritten die Reise und aus dem Lehmhaufen die Pagode zu erkennen. Deshalb heißt es im dreiundsechzigsten Spruch: »Für Schweres sorg, solange es leicht ist / und für Großes, solange es klein ist.«

Das Problem bleibt, wie man das Kleine, das Keimende erkennt. Laotses Antwort ist wieder ganz »einfach«. Man muß eben (je nach Übersetzung) klar, klarsichtig, erhellt oder erleuchtet sein (52. Spruch).

Eine solche Forderung ist überlebensgroß. Erleuchtet ist, wer das Tao hat, von dem man nicht wissen kann, was es ist. Stellvertretend für andere Sprüche kann hier der siebenundvierzigste zitiert werden: »Nicht aus dem Hause gehn / doch alles wissen / nicht aus dem Fenster blicken / und doch das Tao des Himmels sehen ...«

Der Weise, so wie ihn Laotse sich vorstellt, schaut also nicht nach außen, sondern nach innen und erfährt dort, wie er zu handeln, beziehungsweise nicht zu handeln hat. Informationen, die von außen kommen, sind ihm nicht so wichtig wie das, was er ahnt und fühlt. Nun kommt aber das Problem: Angenommen, ein moderner Politiker hätte das Tao gefühlt (annehmen kann man das ja, wenn man eine Woche lang die Fernsehröhre kalt läßt), angenommen, es gebe einen solchen Menschen, wie könnte der sich und sein Tao verkaufen? Heute geht es ja nicht mehr um den weisen Herrscher, sondern um den Politiker, der sich an seinem Stuhl festhalten muß, wenn er etwas bewirken will. Wer wiedergewählt werden möchte, kann dem Volk nicht mit Keimen drohen, von denen niemand weiß, ob sie wachsen werden. Überhaupt darf ein wahlabhängiger Politiker nur das reden, was seine Wähler verstehen können. Wer dies weiß, soll von einem erfolgreichen Politiker nicht zu viel Intelligenz erwarten. Aus tausend möglichen Gefahren und Chancen wird vielleicht nur eine Wirklichkeit werden. Wer erkennt diese eine? Der hellsichtige Politiker, der sie erkennt, kann nichts beweisen. Er müßte also von Dingen reden, die andere nicht sehen, und man würde wohl den »Taoten« für einen Chaoten halten!

Wenn alle eine Gefahr erkennen, ist es normalerweise zu spät. Der Weise erkennt die drohende Pleite, solange die Einnahmen noch steigen. Er sieht zum Beispiel eine Gegenströmung, die ein sonst noch florierendes Unternehmen ruinieren kann, er erkennt das rettende Ufer, das andere noch für eine Wolke halten.

So bleibt denn festzustellen: Die Weisheit des Laotse läßt sich nur andeutungsweise und nur bruchstückhaft verwirklichen. Vielleicht ist dies, gemessen an der Gefahr, die von einem Herrscher ausgeht, der sich für weise hält, ohne es zu sein, das geringere Übel. Es käme also darauf an, herauszubringen, worin sich der wirkliche und der falsche Weise unterscheiden.

Hierauf weiß Laotse eine Antwort. Den wahrhaften Weisen erkennt man an einer ganzen Reihe von Eigenschaften: Er will nicht wissen, er will nicht herrschen, er will nicht besitzen, er will nicht handeln, er will nicht bekannt sein. »Der Weise muß sich erniedrigen / will er sich übers Volk erheben. / Er muß sich hintennach stellen / will er vor dem Volke stehen ...« Der so geschilderte »Herrscher« muß aus dem Inneren des Volkes reden. Wenn man in der Demokratie dies wüßte, dann dürfte man eigensinnige, machtgierige Sprücheklopfer nicht wählen. Aber leider ist es doch meist so: Um die wirkliche Autorität eines Weisen zu erkennen müßte man schon selbst weise sein.

Eine Überraschung bietet Laotse auch in bezug auf die Eigenschaften des großen Staates: »Ist ein großer Staat wie des Flusses Unterlauf / so strömt ihm alles zu / in ihm verkörpert sich das Weibliche der Welt / Ewig besiegt das Weibliche durch Stille das Männliche ...« Leider ist dieser Satz, wenn man ihn richtig auslegt, vermutlich kein Hinweis für eine moderne Frauenbewegung. Schon das Wort »Stille« schockiert. Soweit Frauen wie Männer reden und herrschen wollen, sind sie ja gerade nicht weiblich. Das Weibliche ist das Gewährende und Gebärende, das Aufnehmende und Erhaltende, keinesfalls – wenigstens bei Laotse – das Dominierende. Der Unterlauf des Flusses ist für ihn das Sinnbild des Weiblichen: Ihm strömt alles zu, ohne zu fordern, er spendet Leben, ohne zu tönen, er »herrscht« ohne eigenen Willen. Dies zu verstehen wird gerade in heutiger Zeit schwerfallen.

Wer sind nun die Menschen, die eine Chance wahrnehmen, bevor alles hinterherrennt, die eine Entwicklung erkennen, bevor sie zur unentrinnbaren Bedrohung wird? Es sind, ganz allgemein gesprochen, die Propheten. Wie es ihnen normalerweise ergangen ist und was sie im Vaterland gelten, ist hinlänglich bekannt. Ganz allgemein kann man von ihnen vermuten, daß die, die in ihrer Zeit anerkannt werden und

Erfolg haben, die falschen sind. Einen guten Propheten erkennt man daran, daß er umgebracht oder auf humanere Art kaltgestellt, zumindest aber ignoriert wird. Er muß ja schließlich Ärgernis erzeugen, denn er redet von Gefahren und Chancen, die man (noch) nicht erkennen will. Auch das wußte schon der alte Chinese: »Wer eines Landes Unglück auf sich nimmt / ist wert, Herr der Welt zu sein.« (78. Spruch)

Wenn auch die Datierung der Laotse-Sprüche schwierig ist, so könnten sie doch – unabhängig von den Lebensdaten eines bestimmten Denkers – aus dem fünften vorchristlichen Jahrhundert stammen, vermutlich sind die Inhalte der Sprüche noch älter. Um eine ganz ähnliche Zeit, etwa 550 vor Christus wirkte im Reich Juda der »zweite Jesaja« (der Deuterojesaja), der ganz ähnlich wie Laotse von einem »um unserer Sünde willen zerschlagenen« Erlöser sprach: »Er ging in den Tod und ließ sich unter die Verbrecher zählen. Aber er trug die Strafe für viele und trat für die Schuldigen ein.« (Jes. 53, 12)

Von einer direkten Verbindung zwischen China und Israel in der damaligen Zeit ist nichts bekannt. Kann man dennoch annehmen, daß chinesische und jüdische Denker, jeweils in ihrer eigenen Denkheimat, vom gleichen Geist inspiriert waren? Vieles spricht dafür.

Eigentlich müßte man die Zukunft berechnen können, aber Gott sei Dank achtet sie nicht auf unsere Prognosen.

15. RUNDWEG

Die Gründe der Zukunft

Wegweiser: Wenn einer eine genugsame Insicht in die innren Theile der Dinge haben könnte, und dabey Gedächtniß und Verstand gnug hätte, umb alle Umstände vorzunehmen und in Rechnung zu bringen, würde er ein Prophet seyn, und in dem Gegenwärtigen das Zukünftige sehen, gleichsam als in einem Spiegel.

GOTTFRIED WILHELM LEIBNIZ (1646–1716)

Der amerikanische »Zukunftsforscher« Herman Kahn (geb. 1922) veröffentlichte zusammen mit Anthony Wiener ein 1968 (unnötigerweise) sogar in deutscher Übersetzung erschienenes Buch mit dem Titel: *Ihr werdet es erleben. Voraussagen der Wissenschaft bis zum Jahr 2000.*
Was tat Kahn? Er schien das, was Leibniz als philosophische Überlegung geäußert hatte, wörtlich zu nehmen. Er meinte, man müsse nur eine Menge Daten über gegenwärtige Zustände und Entwicklungen sammeln, daraus einen Trend berechnen und diesen mit elektronischer Hilfe in die Zukunft verlängern. Mit

dieser Methode berechnete er beispielsweise, daß die Sowjetunion »erst« im Jahr 1993 den Lebensstandard der USA erreicht haben werde. Die DDR müßte ihn (nach Kahns Berechnungen von 1965) schon 1982 erreicht haben.

Eigenartigerweise wurde Kahn damals als besonders intelligenter Mensch gefeiert, und kaum einer hat ihn ausgelacht. Kahns naive Spielereien auf dem damals noch als Wunderding angestaunten Computer mögen uns heute angesichts solcher Ergebnisse als schierer Unsinn erscheinen, aber noch immer gibt es viele, die sogar heute noch ebenso denken wie er. Die meisten Prophezeiungen werden vergessen, bevor das Datum eintritt, an dem sie sich erfüllen sollen. Das ist das einzig Gute an ihnen.

Im Gegensatz zu Kahn war aber Leibniz ein ernstzunehmender Denker. Er wußte, wovon er sprach, auch wenn ihm kein Computer zur Verfügung stand. Immerhin hätte Leibniz das Zeug dazu gehabt, ihn zu erfinden, war er ihm doch schon ganz nahe. Leibniz war es nämlich, der auf die geniale Idee kam, als Alternative zum herkömmlichen Zehnersystem das Dualsystem einzuführen, also nicht 1-2-3-4-, sondern 1-10-11-100- zu zählen, mit allen heute noch gültigen mathematischen Konsequenzen. Leibniz baute auch die erste Rechenmaschine für alle vier Grundrechenarten. Daß sie technische Schwierigkeiten bereitete, lag daran, daß die Feinmechanik damals ihre Grenzen hatte. Nur aus diesem Grund konnte Leibniz seinen Gedanken einer Rechenmaschine, die mit dem Dualsystem arbeitete, nicht weiterentwickeln. Es brauchte noch über zweihundertfünfzig Jahre, bis Leute wie

Konrad Zuse mit Hilfe der Elektronik einen mit dem Dualsystem arbeitenden Rechner konstruieren konnten. Der Computer war erfunden.

Wer aber meint, mit dem Computer lasse sich die Zukunft entschlüsseln, der macht es sich zu einfach. Es genügt, die Wetterkarte im Fernsehen mit ihren sich bewegenden Satellitenbildern anzuschauen, um zu erkennen, wie chaotisch sich die Zukunft verhält. Und wenn sich zehntausend Einflußgrößen erkennen, messen und berechnen lassen, was geschieht dann mit den restlichen hunderttausend? Aber was heißt hier hunderttausend? Vermutlich sind es unendlich viele. Leibniz muß dies gewußt haben. Sein Gedanke von der im Prinzip berechenbaren Zukunft ist tief in seinem gesamten Denksystem verwurzelt. Er entwickelte die Infinitesimalrechnung, die Differential- und Integralrechnung umfaßt, und führte dazu die heute noch gebräuchliche Zeichensprache in die Mathematik ein. Mit seiner Methode können Tangenten an Kurven und krummlinig begrenzte Flächen berechnet werden. Leibniz schuf damit die Voraussetzungen für Alpträume kommender Abiturientengenerationen.

Die gedankliche Grundlage dieser genialen mathematischen Erfindung war die Erkenntnis, daß unendlich kleine Größen noch den genauen »Zustand« einer Kurve verdeutlichen können. Daß ein Punkt einer Kurve, der materiell ein Nichts ist, die Information über eine an ihn anzulegende Tangente enthält, ermöglichte ihm eine Einsicht in den Zusammenhang der Welt, die weit über die Mathematik hinausgeht.

Wenn ein Punkt, der doch etwas völlig Abstraktes ist, die Information über eine sichtbar werdende Kurve enthält, kann dann ein Punkt nicht auch noch mehr und gänzlich andere Informationen enthalten? Ist dies nicht eine Einsicht in das Funktionieren der Welt überhaupt? Besteht die Welt schließlich aus dem Zusammenspiel informationsgeladener Punkte, also von Keimen ohne Materie, die aber das Wesen und das Wirken der Materie bestimmen? Solche und ähnliche Gedanken muß Leibniz gehabt haben, als er gegen Ende seines Lebens die Quintessenz all dessen zu Papier brachte, in seiner *Monadologie*. Die Punkte, die ohne jede körperliche Ausdehnung, aber mit allen Informationen versehen sind, nannte er »Monaden«. Diese unkörperlichen, abstrakten Punkte bilden die Welt. Sie ändern sich nach ihrem eigenen, zeitlos gültigen Programm, haben aber keine Fenster für die Außenwelt, sie sind daher für Einflüsse von außen unzugänglich. Sie sind mit der Schöpfung ein für allemal entstanden und enthalten das gesamte Programm der Zukunft. »Jeder gegenwärtige Zustand einer einfachen Substanz ist natürlicherweise eine Folge ihres vorhergehenden Zustandes, ebenso wie in ihr das Gegenwärtige mit dem Zukünftigen schwanger geht.«

Unbeeinflußbarkeit einerseits, Veränderung des Zustandes andererseits, wie kann das zusammenpassen? Hier kann es logischerweise nur eine Antwort geben: Jedes Teilchen, jeder informationsgeladene Punkt, jede Monade enthält und spiegelt das gesamte Weltall und trägt seine eigene Entwicklung aus der Vergangenheit in die Zukunft. Was so aussieht wie Ursache und Wirkung, ist in Wirklichkeit alles schon vorherbestimmt. Leibniz war nicht der einzige, der das Bestehen einer

Kausalität verneinte. Was geschieht, ist nur die Auswirkung einer »prästabilierten Harmonie«. Die Zukunft spult nur das ab, was Gott ein für allemal festgelegt hat. Eine Welt, die vollkommen ist, braucht keine Nachbesserung.

Da eine so verstandene Monade also nicht nur ihre eigenen Informationen, sondern auch sämtliche anderen Informationen enthält, muß sich aus ihr die Zukunft ergeben. Daß man sie tatsächlich mathematisch berechnen könne, scheint Leibniz wohl nicht angenommen zu haben, denn wie sollte ein Mensch eine unendlich kleine Monade durchschauen?

Ist dies alles nur ein geniales Gedankenspiel, oder enthält es auch eine Wahrheit, mit der wir heute noch »arbeiten« können? Daß jeder lebendige Körper eine Art »göttlicher Maschine oder natürlichen Automaten« darstellt, der sein Programm abspult, das anzunehmen fällt schwer. Die Dinge machen zu viele Sprünge, als daß wir an ihr automatisches Funktionieren glauben könnten. Aber wo liegt die Grenze zwischen der mit unendlich kleinen Punkten berechenbar funktionierenden Mathematik und dem anscheinend chaotischen Leben? Liegt es daran, daß wir die Monaden mit einer ans Leben angelegten Differentialrechnung eben doch nicht erfassen können? Und wenn wir es könnten, kämen wir dann weiter? Leibniz hat einmal geschrieben: »Indem Gott rechnet und seine Gedanken ausführt, entsteht die Welt.« Wo bliebe da seine und erst recht die menschliche Freiheit? Läuft die Welt ab wie ein Uhrwerk oder ein Computerprogramm? Sind wir nichts anderes als elektronische Ladungen auf einer Riesendiskette?

Solche Überlegungen mögen absurd erscheinen. Dennoch sind sie Teile eines großen Rätsels, das Leibniz erkannt aber nicht gelöst hat. Möglicherweise liegt der Unterschied zwischen Berechenbarem und Nichtberechenbarem nicht nur in der Menge der Einflußgrößen, sondern auch in ihrer schließlich bis ins Unendliche gehenden Vernetztheit. Leibnizens Glaube an die Unbegrenztheit der Mathematik setzt voraus, daß hier der Schöpfer mit im Spiel ist. Mit seinem »geheimen« Willen macht er die Welt besser als es die Weisesten erwarten. Ähnlich wie sein Zeitgenosse Spinoza meinte Leibniz, die Ergebenheit unter den Willen des Weltganzen bewirke unser Glück. Dies ist für ihn die Konsequenz aus seiner Lehre. Damit gibt er zu erkennen, daß es ihm auf eine tatsächliche Berechenbarkeit der Zukunft nicht angekommen ist, sondern auf die Erkenntnis, daß sie von vornherein feststeht. Mathematik gewissermaßen als Prinzip, nicht aber überall als Methode.

An diesem Punkt könnte das Sinnieren über die Zukunft wieder von vorn beginnen. Ist die Zukunft das, wofür wir sie halten? Ist sie durch zufällige Ereignisse aus der Vergangenheit bestimmt, wie wir normalerweise annehmen, oder könnte es nicht sogar gerade umgekehrt sein? Dann gäbe es also Ursachen, die aus der Zukunft in die Gegenwart hineinwirken. Seit Menschengedenken wird immer wieder von exakten Vorhersagen berichtet, die dann auch wirklich, teilweise detailgetreu, eingetroffen seien, und zwar in einer Weise, die nicht mehr mit dem Zufall erklärt werden kann. Noch mehr wird über Scharlatane und nicht eingetretene Prophezeiungen gesprochen. Über dieses Thema glaubt jeder Mensch genau und mit Eifer Bescheid zu wissen. Die einen glauben an die generelle Möglichkeit einer exakten Vorhersage oder haben so etwas schon erlebt und beobachtet. Die anderen weisen das alles als Aberglauben weit von sich. Die Frage soll und kann hier nicht entschieden werden. Nur das eine ist zu sagen: Wenn es in der Welt auch nur einen einzigen Wahrsager gegeben hat, der exakt in die Zukunft schauen konnte, jenseits aller Zufälligkeiten, dann ist unsere Zeitvorstellung als unzureichend entlarvt.

Falls es treffende Vorhersagen gibt, müßte man auch mit gegenläufigen Ursachenketten rechnen; Ursachen also, die in der Zukunft liegen und auf die Gegenwart wirken. Zufall als Ereignis, dessen Ursache in der Zukunft liegt, dies wäre eine neue Definition. Die vorherbestimmte Geburt eines Menschen wäre dann die Ursache der Zeugung und diese wiederum Ursache für die Begegnung eines bestimmten Paares und so weiter. Man müßte dann versuchen, sich vorzustellen, daß sowohl Ursachen aus der Vergangenheit in die Zukunft wirken, als auch umgekehrt Ursachen aus der Zukunft in die Gegenwart möglich wären. Diese läge dann im Schnittpunkt aus Vergangenheit und Zukunft. Wenn es denn aber so wäre, dann gäbe es in der Gegenwart keine Zufälle, sondern nur Ereignisse, die uns zufällig vorkommen, weil wir nicht wissen, auf welchen künftigen Zustand sie ausgerichtet sind. Angenommen, es wäre so, dann müßte jedes gegenwärtige Wesen seine Zukunft schon in sich tragen, es ginge »mit der Zukunft schwanger«, wie Leibniz sagt.

Wenn sich aber Zukunft und Vergangenheit am Schnittpunkt Gegenwart treffen, müßte dann nicht Anfang und Ende aller Zeit sich ebenfalls in *einem* Punkt annehmen lassen? Dieser »Punkt« läge dann allerdings nicht innerhalb, sondern außerhalb der Zeit. Solche Überlegungen können natürlich für Normalmenschen, die eine exakte Vorhersage nicht erleben, nur Spekulation sein. Wer nur auf objektiv feststellbare Fakten anspricht, wird mit ihnen kaum etwas anfangen können. Aber liegt nicht die Freude am Denken auch darin, daß wir Räume ahnen, in die unser Verstand nicht eindringen kann? Meist sind wir zu schnell mit unseren Urteilen und Vorurteilen. Viele Menschen blocken solche Überlegungen im Vorfeld ab, weil sie ihren eigenen Horizont für die Grenze der Welt halten. Liegt die Unlösbarkeit solcher faszinierender Rätsel darin verborgen, daß wir aus der Zeit nicht aussteigen können?

Wenn wir meinen, wir seien der Lösung dieser Fragen seit Leibniz nähergekommen, dann irren wir.

VIERTE LANDSCHAFT

Zeit und Materie

Wenn wir gehen, spüren wir den festen Boden unter den Füßen. Aber was bleibt zurück, wenn nicht nur der Wanderer, sondern auch die Zeit den Atem anhält? Ist die Zeit eine Mauer?

16. RUNDWEG

Was uns noch übrigbleibt

Wegweiser: Ich faßte den Entschluß, ... jede der Schwierigkeiten, die ich untersuchen würde, in so viele Teile zu zerlegen, als möglich und zur besseren Lösung wünschenswert wäre.

RENÉ DESCARTES (1596–1650)

Einen strengen und unnahbaren Lateinlehrer hatten wir, für den sein Spitzname Jupiter keineswegs übertrieben war. Seine heroische Gestalt erleichterte uns die Vorstellung eines Gottes, der es allerdings bei uns ebenso schwer hatte wie der Originaljupiter bei seinen Römern. Er und wir lebten und litten nach dem Grundsatz: Jupiter weiß alles, wir nichts. Aber dankbar erinnere ich mich seines Versuchs, uns die geniale Vier-Stufen-Methode des großen Renatus Cartesius (besser bekannt unter dem Namen René Descartes) beizubringen. Jupiter rezitierte mit gewaltiger Stimme, natürlich aus der lateinischen Fassung von Descartes' berühmter *Methode des richtigen Vernunftgebrauchs*. Man solle also erstens alles bezweifeln, was man nicht sicher und einleuchtend, »certo et evidenter«, erkennen könne.

Zweitens, und das ist wohl das Herzstück der Methode: Man sollte jede der Schwierigkeiten in so viele Teile zerlegen, als möglich und zur besseren Lösung wünschenswert wäre. Drittens, man solle seine Gedanken ordnen und mit den einfachsten Problemen zunächst anfangen, und viertens, man solle vollständige Aufzählungen und Übersichten herstellen. Noch kürzer: Erstens zweifeln, zweitens zerlegen, drittens ordnen, viertens aufzählen.

Hurra! Das saß. Nun kann ja, dachte ich, wenn ich nach Hause komme und mich hinter die Lateinaufgaben mache, nichts mehr schiefgehen. Mit dieser Methode, die aus großen Problemen kleine, mundgerechte Häppchen macht, müßte man doch einfach alles lösen können. Aber da hatten Descartes, Jupiter und ich die Rechnung anscheinend ohne den Cicero gemacht. Denn als ich mich hinter die Übersetzung einiger Sätze dieses fürchterlichen und gefürchteten Klassikers machen wollte, stellte ich folgendes fest: Auch dann noch, als ich überzeugt war, alle Teile und Teilchen des Übersetzungsproblems vollständig und in der richtigen Reihenfolge ausgebreitet zu haben, keimte in mir kein rechtes Verständnis des Satzes auf. Ich kam einfach nicht vom Fleck und wünschte den Descartes in die Hölle, in die ihn schon zu seiner Zeit die hohe Geistlichkeit gewünscht hatte. Dort würde er sicher auch Cicero antreffen.

Die Erleuchtung kam am nächsten Tag, als ich mich nochmals ohne große Hoffnung hinter den vertrackten Text machte. Ich weiß nicht mehr genau, wie es war, aber irgendwie fiel mir die Lösung des schwierigen Satzes ein, und zwar so, daß ich gar nicht mehr verstehen konnte, daß da irgendwo ein Problem hätte liegen können. Der Schleier über dem Rätsel war wie vom Sturm weggeblasen. Ähnliche Erfahrungen machte ich dann auch mit Mathematikaufgaben und später mit anderen Rätseln. Mein Inneres dachte weiter, ohne mir zu sagen, was da vor sich ging. Bis heute weiß ich nicht, hat der Descartes nun recht oder nicht mit seiner Methode? Natürlich läßt sich nicht bezweifeln, daß Descartes im Jahrhundert von Kepler, Leibniz, Pascal, Newton und Galilei einer der Wegbereiter des modernen wissenschaftlichen Denkens war. Aber stimmt es, daß die Analyse von Problemen ein sicherer Weg zu ihrer Lösung ist? Gibt es da nicht noch andere, verschlungene, geheimnisvolle Pfade auf den Berg der Erkenntnis?

Heute wissen wir, was aus der Methode des Zerlegens und Ordnens aller Probleme in Verbindung mit dem Leibnizschen Dualsystem werden konnte. »Wir« waren zwar auf dem Mond, bekommen aber trotzdem die Probleme des Weltmarkts nicht in den Griff! Viele Denkaufgaben können so fein zerhackt werden, daß sie sich auf die logische Folge von unendlich vielen Ja-Nein-Entscheidungen reduzieren lassen. In der Durchführung solcher »Denkoperationen« sind uns bekanntlich die Computer technisch weit überlegen. Mich persönlich würde allerdings trotzdem brennend interessieren, was herauskommt, wenn man einen »begabten« Übersetzungscomputer mit Ciceros Perioden füttert.

Die cartesische Methode bewährt sich zumindest überall da, wo uns die Welt den Gefallen tut, wie eine mehr oder weniger komplizierte Maschine mit einem bestimmten Konstruktionsprinzip zu funktionieren. Aber tut sie uns denn oft diesen Gefallen? An dieser Frage scheiden sich die Geister. Der Streit ging schon zu Descartes' Lebzeiten los. Der etwas jüngere Pascal, der selbst ein Mathematikgenie war, schrieb, der Mensch sei ein »Ding des Widerspruchs«, er sei zugleich »Richter aller Dinge, einfältiger Erdenwurm, Hüter des Wahren, Kloake der Ungewißheit und des Irrtums, Glanz und Auswurf des Weltalls«. Pascal bekannte sich zur Ganzheit der Welt, deshalb wehrte er sich gegen ihre Auflösung in Teilfragen. »Da nun alle Dinge verursacht und verursachend sind, Hilfe erhaltend und sich selbst helfend, mittelbar und unmittelbar, und da alle durch ein natürliches und unmerkliches Band, das die entferntesten und verschiedensten Dinge verknüpft, miteinander zusammenhängen, halte ich es für unmöglich, die Teile zu erkennen, ohne das Ganze zu erkennen, und ebensowenig, das Ganze zu erkennen, ohne im einzelnen die Teile zu erkennen.« Solche Gedanken widersprechen auch heute noch dem »Optimismus« derer, die an die unbegrenzte Analysierbarkeit und damit an die grundsätzliche Beherrschbarkeit aller Erscheinungen glauben. Aber ein derartiger Fortschrittsglaube läßt sich auch heute noch besser verkaufen als der demütige Zweifel an der Allmacht des menschlichen Verstandes. Ein Beispiel dafür aus der jüngsten Zeit ist der britische Physiker und Mathematiker Stephen W. Hawking, der mit seinem gar nicht leicht zugänglichen Buch *Eine kurze Geschichte der Zeit* einen Welterfolg hatte. In seinem zweiten populären Buch *Einsteins Traum* bekennt er sich ausdrücklich zur Grenzenlosigkeit des menschlichen Horizonts mit folgenden Worten: »Ich gehöre nicht zu denen, die glauben, das Universum bleibe ein Geheimnis, etwas, das man intuitiv erfassen, aber niemals ganz analysieren und verstehen kann ... Heute verfügen wir über mathematische Gesetze, die alles beschreiben, was unserer normalen Erfahrung zugänglich ist.«

Hawking wird von manchen sogar für ein Genie gehalten. Aber ein solcher Satz läßt doch an einer über den Tellerrand der reinen Naturwissenschaft hinausgehenden Einsicht bei ihm zweifeln. Wird die Welt uns wirklich alle Rätsel enthüllen, wenn wir nur lange genug forschen? Die Naturwissenschaft hat bisher immer nur Etappenziele erreicht. Und hinter jedem Ziel tun sich neue Rätsel auf, Rätsel, die das Erreichte klein erscheinen lassen angesichts der Unendlichkeit allen Seins. Kann man im Jahr 1993 wirklich noch einen Satz schreiben wie diesen: »Es ist möglich, daß uns eines Tages der Durchbruch zu einer vollständigen Theorie des Universums gelingt. Dann wären wir wirklich die ‚Masters of the Universe‘«?

Wie auch immer Hawking seine »Masters of the Universe« verstanden haben will, mir persönlich graut vor einem solchen Begriff, auch wenn er nicht der Gegenstand eines Horrorfilms ist. Es mag sein, daß Einstein von neuen Erkenntnissen träumte, denen wir heute einen Schritt nähergekommen sind, aber er träumte sicher nicht von einem »Enkel«, der einem naiven Positivismus anhängt, auch wenn dieser Kollege mit einer großen instrumentalen Intelligenz versehen sein sollte. Wie anders hört sich doch da an, was Einstein selbst über den Forscher geschrieben hat: »Seine Religiosität liegt im verzückten Staunen über die Harmonie der Naturgesetzlichkeit, in der sich eine so überlegene Vernunft offenbart, daß alles Sinnvolle menschlichen Denkens und Anordnens dagegen ein gänzlich nichtiger Abglanz ist ... Unzweifelhaft ist dies Gefühl nahe verwandt demjenigen, das die religiös schöpferischen Naturen aller Zeiten erfüllt hat.«

Und was bleibt uns übrig, wenn uns Technokraten einreden wollen, mit Hilfe »künstlicher« Intelligenz sei es nur noch eine Frage der Zeit, bis sie zu »Masters of the Universe« würden? Sollen wir uns mit der Erkenntnis begnügen, daß mein alter Jupiter damals den Cicero besser übersetzen konnte als ein moderner Sprachcomputer heute? Mit solchen Tröstungen müssen wir sparsam umgehen. Es könnte ja sein, daß Jupiter eines Tages doch noch vom Computer entthront wird. Aber es bleibt genug. Ich glaube, daß die Lösung von Problemen, mehr als manche wahrhaben möchten, nur gelingt, wenn wir das Ganze umfassend erfühlen. So war es auch mit meinem Cicero-Text. Descartes hat mir zwar auf den Weg geholfen, aber die Lösung kam von – Cicero selbst. Wenn ich jetzt erklären müßte, wie ich das meine, dann käme ich vermutlich ins Stottern. Die (Er-)Lösungen kommen nicht aus den Teilchen, sondern aus dem Ganzen. Und die Welt ist ziemlich groß. Wenn wir mit dem Denken nicht weiterkommen, dann lassen wir in uns denken. Das nimmt uns kein Computer ab.

Seit die Maschinen uns das Messen abgenommen haben, können wir (fast) alles messen, aber wer mißt die menschliche Maßlosigkeit?

17. RUNDWEG

Was steht über dem Maß von Sèvres?

Wegweiser: Das Menschliche nur ist das Vernünftige, der Mensch das Maß der Vernunft.

LUDWIG FEUERBACH (1804–1872)

Am Rathaus der holländischen Käsestadt Gouda ist in eine Außenmauer ein etwa sechzig Zentimeter langes Eisenstück eingemauert. Hier konnte jeder, der Stoff mit der Elle verkaufte, kontrolliert werden. Denn wie lang ist der menschliche Unterarmknochen? Wer sich selbst zum Maß nimmt, weiß, daß die Elle sehr unterschiedlich ausfallen kann. So war es auch mit diesem Maß: Es gab Hunderte verschiedener Ellenmaße. Etwa halb so lang wie die Elle war ein Fuß. Der Mensch auf der Suche nach dem Maß orientierte sich an sich selbst, er maß aber nicht nur Längen an sich, er beurteilte auch Grundstücksgrößen nach seiner Arbeitsleistung wie »Morgen« und »Tagwerk«. Der Mensch nahm an sich selbst Maß und vermaß danach die Welt. War das »vermessen«?

Auf einer Reise nach Paris vor einigen Jahren quälte mich meine ältere Tochter damit, daß sie das »Urmeter«, den Platin-Iridium-Stab von 1889, sehen wollte, auf dem das lange Zeit verbindliche Metermaß eingeritzt ist. Ich fragte sie, warum sie ausgerechnet diesen Stab sehen wolle. »Das weiß ich selbst nicht so recht«, sagte sie, »aber das Gefühl, daß anhand von diesem einen Stab eigentlich die ganze Welt vermessen wird, das möchte ich an Ort und Stelle spüren.« Wir konnten das Urmeter nicht sehen. Es wird in dem für das Publikum nicht zugänglichen »Pavillon de Breteuil« in Sèvres bei Paris aufbewahrt, wo das Internationale Büro für Maße und Gewichte seinen Sitz hat.

Ich sagte, daß das Urmeter heute sowieso nur noch historische Bedeutung hat und für die Vermessung nicht mehr verbindlich ist. Aber ich weiß, daß man mit diesem Argument niemand trösten kann, dem es auf diesen Stab ankommt. Seit 1960, so kann man nachlesen, ist ein Meter ganz anders definiert. Er ist das 1650763,73fache der Vakuumwellenlänge (605,780 nm) des orangefarbenen Lichtes, das von Atomen des Kryptonisotops Kr 86 beim Übergang vom $5d_5$-Zustand in den $2p_{10}$-Zustand ausgesendet und spektroskopisch als sehr schmale Spektrallinie beobachtet wird. Alles klar? Wer dies auswendig hersagen kann, der weiß ganz genau, was ein Meter ist. Aber, Hand aufs Herz, kann sich ein Mensch unter dieser Definition irgend etwas vorstellen?

Was hat die Geschichte des Einheitsmaßes mit dem Satz, der Mensch sei das Maß der Vernunft, zu tun? Diese Aussage stammt aus der Schrift *Grundsätze der Philosophie der Zukunft,* mit der Ludwig Feuerbach

1843 eine neue Denkart als Grundlage der Philosophie propagieren wollte, nämlich den Materialismus. Feuerbach wollte ein für allemal Schluß machen mit Spekulationen über das Geistige in der Welt. »Die Dinge dürfen nicht anders gedacht werden, als wie sie in der Wirklichkeit vorkommen«, schrieb er. So wie der Mensch die Dinge natürlich sieht, so sind sie. Dies ist »die mit dem Blute des Menschen getränkte Vernunft«. Nur das, was der Mensch mit den Sinnen erfassen kann, ist die Wirklichkeit und die Wahrheit. Feuerbach wollte daher den Einfluß der Theologie («Gespensterglaube«) auf die Philosophie abschaffen und durch die Naturwissenschaft ersetzen. Geist? Was ist das? Keiner hat ihn je gesehen und mit den Sinnen wahrgenommen. Er ist reine Einbildung. »Denken entspringt aus der Materie.« Das also ist Feuerbachs »Glaubensbekenntnis« und das seiner geistesverwandten Vorgänger und Nachfolger im Denken, ob sie sich nun ausdrücklich zu einem Materialismus bekannt haben oder nicht. Wir brauchen uns auch heute noch nichts vorzumachen. Selbst Leute, die sich einbilden, sie lehnten die Religion nicht ab, denken im Grunde immer noch so, wie Feuerbach es vor über hundert Jahren formuliert hat.

Wer jetzt noch einmal über die Geschichte der Maße nachdenkt, der kann leicht feststellen, daß sich diese Einheiten vom ursprünglich menschlichen Maß (Elle, Fuß, Morgen) immer weiter entfernt haben. Die heutige Definition des Meters versucht alles Subjektive auszuscheiden, sie klammert den Menschen aus und wird unvorstellbar.

Was ist seit der Mitte des neunzehnten Jahrhunderts im Hinblick auf das menschliche Maß geschehen? Haben sich Wirtschaft und Wissenschaft von dem allein am menschlichen Maß orientierten Materialismus gelöst? Die Antwort könnte zwiespältig ausfallen. Man hat sich zwar nicht vom Materialismus gelöst, wohl aber vom menschlichen Maß. Dies war eine gefährliche Trennung. Die Vernunft der Gegenwart – ein solch vager Ausdruck sei hier ausnahmsweise gestattet – ist nicht mehr »mit dem Blute des Menschen getränkt«, sondern sie wird diktiert vom technisch Machbaren. Die unterschiedlichen Definitionen des Meters sind dafür anschauliche Belege. Feuerbach kämpfte nicht gegen technische Maßlosigkeiten – die kannte er noch nicht –, sondern gegen ein Denken, das eine Instanz voraussetzt, die nicht der Mensch selbst ist. Er kämpfte gegen eine immaterielle, ideelle Vernunft, gegen die religiöse Annahme, der Mensch habe sich einem geistigen, mit den Sinnen nicht wahrnehmbaren Wesen unterzuordnen. Der Mensch (und nicht Gott) ist das Maß der Vernunft, meint Feuerbach.

Natürlich wurde der Materialismus nicht im neunzehnten Jahrhundert erfunden. Die Auffassung, daß es jenseits dessen, was die Sinne wahrnehmen, nichts »Vernünftiges« zu entdecken gebe, wurde seit Urzeiten immer wieder vertreten, oft geheim und verklausuliert. Feuerbach hat sie aber in seiner Zeit klar und mit kämpferischem Elan formuliert, er sprengte Tabus.

Der Zauberlehrling Feuerbach konnte zu Lebzeiten nicht mehr erkennen, was die Geister, die er rief, anstellen würden. Warum sind so viele Entwicklungen dem Menschen aus dem Maß geraten, wo doch eigentlich er hätte das Maß setzen können und müssen? Die Erklärung kann so versucht werden: Objektive Erkenntnis findet nicht nur dort statt, wo der Mensch unmittelbar mit seinen Sinnen mißt, zählt und fühlt, sondern zunehmend dort, wo technische Einrichtungen an seiner Stelle und für ihn messen, zählen und fühlen. Der zunächst am Menschen orientierte Materialismus des neunzehnten Jahrhunderts hat ihm nicht mehr ausgereicht, er ist verdrängt worden durch einen technischen Materialismus, den der Mensch nur indirekt beherrscht. Der Abstand von einem Meter kann auf technische Weise verobjektiviert und der unmittelbaren menschlichen Anschauung dadurch völlig entzogen werden. Seit der Einführung der automatischen Datenverarbeitung geschieht dies nicht nur mit Meßergebnissen, sondern zunehmend auch mit Entscheidungsvorgängen. Was machbar ist, bestimmt nicht mehr der Mensch, sondern die Maschine. Wer sollte den Menschen bremsen? Die Maschine kann es nicht, weil sie selbst ein menschliches Produkt ist, und Kräfte, die jenseits der menschlichen Vernunft liegen, auch nicht, weil sie in einem materialistischen Weltbild keinen Platz haben. Der Mensch selbst müßte sich bremsen, wenn er den von ihm geschaffenen Abhängigkeiten noch entrinnen könnte.

Auf der Suche nach Alternativen finden sich zunächst Schlagworte. Beispiele: *Prinzip Verantwortung* (Hans Jonas, Träger des Friedenspreises des Deutschen Buchhandels 1988); *Rückkehr zum menschlichen Maß* oder *small is beautiful* (E. F. Schumacher) und so weiter. Man weiß inzwischen, daß man eigentlich anders denken und handeln sollte. Aber kann man sich auch dazu durchringen anzuerkennen, daß es eine Vernunft gibt, die der Mensch nicht nachrechnen kann, weil sie *über* ihm steht? Das ist eine andere, vermutlich aber die entscheidende Frage. Daß dem Menschen Grenzen gesetzt sind, von denen er eigentlich nichts wissen möchte, läßt sich täglich feststellen. Aber wer setzt sie? Es bleibt die weitere Frage: Kann man mit einer materialistischen Weltanschauung die Folgen des Materialismus wieder eindämmen, oder ist der Ausschließlichkeitsanspruch des Materialismus insgesamt ein Irrtum?

Nicht erst seit Feuerbach hält sich der Mensch für vernünftiger, als er ist. Es gibt ein Maß der Vernunft, es fragt sich nur, ob es der Mensch erkennen und berechnen kann, wenn er meint, er könne darüber herrschen. Es kann auch sein, daß es ihm ergeht wie dem kleinen Daumerling im Märchen der Brüder Grimm: »Frau Mutter, was gibt's heute zu essen?« – »Sieh du selbst zu«, sagte die Mutter. Da sprang der Daumerling auf den Herd und guckte in die Schüsseln; weil er aber den Hals zu weit hineinstreckte, faßte ihn der Dampf von der Speise und trieb ihn zum Schornstein hinaus.
Vernunft ist gut. Aber sind wir sicher, daß sie das ist, wofür wir sie halten?

Die Dinge sehen so aus, wie sie sich anhören, sagte die Fledermaus. Wie kann man sich das Unvorstellbare vorstellen?

18. RUNDWEG

Was wird aus der Welt, wenn sie keiner sieht?

Wegweiser: »Esse est percipi« – »Sein ist Wahrgenommenwerden«
Frei übersetzt: Dinge, die wir wahrnehmen, entstehen durch uns.

GEORGE BERKELEY (1684–1753)

Ein bekannter Kriminalschriftsteller hatte die Gewohnheit, fertige Manuskripte vor der Drucklegung seinen Freunden vorzulesen. Einer seiner Romane begann so: »In der Villa des Zigarrenfabrikanten Edwards klingelte das Telefon. Vergeblich. Das Haus war menschenleer ...«
»Halt«, rief da einer seiner Zuhörer, »so kannst du das nicht schreiben!«
Die anderen waren erstaunt. Was sollte denn falsch sein an diesem Satz?
»Wie willst du behaupten, und sei es nur in einem Krimi, daß das Telefon klingelte, wenn es niemand gehört haben kann?«
Die Diskussion, die sich daraufhin lange hinzog, wollen wir nicht verfolgen. Aber eines muß man dem kri-

tischen Freund zugestehen: Wer sagt, es sei etwas in einem menschenleeren Haus gehört worden, schlüpft damit in die Rolle eines Gespenstes, er behauptet nämlich etwas, was zwar möglich, aber nicht beweisbar ist, weil es niemand mit den Sinnen wahrgenommen hat. Diese so einfach klingende Geschichte führt uns mitten in ein Grundproblem der Philosophie, nämlich zu der Frage, wie es mit den »Dingen« steht, die keiner wahrnimmt, oder umgekehrt, was es denn ist, was wir wahrnehmen können? Normalerweise macht man sich darüber keine Gedanken, es scheint doch alles so selbstverständlich zu sein. Ist die Frage, ob der Stuhl, auf dem ich sitze, wirklich existiert und ob er damit aufhört, sobald ich das Zimmer verlassen habe, nicht nur eine geistreiche Spielerei? So abstrus solche Gedanken auch scheinen mögen, es lohnt sich doch, über sie nachzudenken. Das haben die Philosophen zu allen Zeiten getan, und Platon war nicht der erste.

Der aus Irland stammende Theologe und Abenteurer George Berkeley, der später sogar noch (anglikanischer) Bischof wurde, war ein radikaler Denker. Zu der Zeit, als Händel mit seiner Musik in England gefeiert wurde, ereiferte man sich über Berkeleys Thesen. Berühmt geworden ist seine Schrift *The Principles of Human Knowledge (Die Grundlage der menschlichen Erkenntnis)*. Die hatte der frühreife Denker schon mit fünfundzwanzig Jahren in Dublin veröffentlicht. Erstaunlich ist nicht nur der Inhalt dieser Schrift, sondern auch die Tatsache, daß sie recht leicht lesbar ist. Ein Deutscher mit ein bißchen Schulenglisch hat mit ihr weniger Schwierigkeiten als mit einem deutschen Text von Kant oder gar Hegel.

Berkeley schrieb: »Jeder wird zugestehen, daß weder unsere Gedanken noch unsere Leidenschaften noch unsere Vorstellungen ohne unseren Geist bestehen können. Für mich ist es nicht weniger offensichtlich, daß alles, was wir mit den Sinnen erfassen, nicht anders existieren kann als nur in einem, der es wahrnimmt.« Hierzu eine Kostprobe: »There was an odour, that is, it was smelt; there was a sound, that is, it was heard; a colour or a figure and it was perceived by sight or touch.« Außerhalb eines denkenden Subjekts kann man sich solche Dinge nicht vorstellen. In einem englisch-lateinisch gemischten Satz folgt dann Berkeleys Quintessenz: »Their *esse* is *percipi*« (Ihr Sein ist Wahrgenommenwerden).

Was geschieht nun aber mit den Dingen, die keiner wahrnimmt und von denen wir doch überzeugt sind, daß sie existieren? Darauf weiß Berkeley eine Antwort: Sie existieren auch in unserer Abwesenheit, soweit wir sie uns vorstellen können. Vielleicht mag dies dann auch den Krimiautor mit seinem angefochtenen Satz rechtfertigen.

Berkeley, der mit seiner Schrift ein religiöses Anliegen verfechten wollte, nämlich eine Kampfansage gegen den Materialismus, wußte, daß er auch denen verständlich bleiben mußte, die mit solchen provozierenden Thesen zunächst nichts anfangen konnten. Er kommt ihnen also (scheinbar) einige Schritte entgegen: »Daß die Dinge, die ich mit meinen Augen sehen und mit meinen Händen fühlen kann, existieren und Wirklichkeit sind, bezweifle ich nicht im mindesten. Das einzige, dessen Existenz ich leugne, ist das, was die Philosophen Materie oder körperliche Substanz nennen.«

Nun muß man sich fragen, woraus sollen die Dinge denn sonst sein? Diese Frage ließ und läßt Denker aller Zeiten nicht los und noch weniger die Physiker. Das Interessante an diesem Problem ist, daß neueste Forschungen nach den Grundlagen der Materie immer mehr in Bereiche vorstoßen, in denen buchstäblich nichts zu finden ist, was man noch als Materie im landläufigen Sinne bezeichnen könnte. Schon längst sind die einst für unteilbar (atomos) gehaltenen Atome den Kernphysikern unter den Händen zerbröselt. Das gleiche geschah mit den Elementarteilchen und so weiter. Was bleibt, sind abstrakte Strukturen, Zufälligkeiten, Wahrscheinlichkeiten, Felder, Wellen, Kräfte. Daß die Dinge meßbar sind, sagt nichts über ihre körperliche Existenz aus, es beweist nur ihr »Wahrgenommenwerden«, etwas, was ja auch Berkeley nicht bezweifelt.

Die philosophische Lehre von den Dingen, die ihre Existenz nur dem verdanken, der sie wahrnimmt oder wahrnehmen kann, wird üblicherweise als »Idealismus« bezeichnet. In unterschiedlicher Weise hat der Idealismus auch die deutsche Philosophie im neunzehnten Jahrhundert geprägt und zur Weltgeltung gebracht, was Namen wie Fichte, Schelling, Hegel und Schopenhauer belegen. Schopenhauers Hauptwerk *Die Welt als Wille und Vorstellung* läßt schon im Titel seine Grundthese erkennen.

Natürlich wissen wir, daß die Welt längst vor Beginn der Biologie bestanden hat. Selbst der biblische Schöpfungsbericht beginnt mit dem Chaos, das von Mensch und Tier nicht wahrgenommen werden konnte.

Jeder erkennt die Farbe Rot, und doch weiß keiner, was ein anderer mit *seinen* Augen wahrnimmt. Schon bei der weitverbreiteten Rot-Grün-Blindheit wird das objektive Erkennen zweifelhaft. Noch weniger spüren wir, was ein Tier empfindet. Wir wissen zwar, daß der Hund sich mehr mit der Nase als mit den Augen orientiert, aber so richtig nachempfinden können wir das nicht. Daß die Fledermaus sich durch ihr Gehör, also gewissermaßen mit Echolot, zurechtfindet, nehmen wir mit dem Verstand zur Kenntnis. Wir müssen dann davon ausgehen, daß die Welt der Fledermaus eine ganz andere ist, das heißt, ihr Wahrnehmen begründet eine von der unseren grundverschiedene Existenz der Dinge. Dabei muß man sich klarmachen, daß die Fledermaus als Säugetier dem Menschen mit seinen elementaren Sinnen doch noch irgendwie verwandt ist. Schnecken, Spinnen, Seeigel, Amöben und Bakterien tummeln sich ja ebenfalls in »unserer« Welt mit ihren scheinbar objektiven Fakten. Das, was von solchen Tieren wahrgenommen wird, entzieht sich zu einem vermutlich viel größeren Teil der Meßbarkeit mit menschlichen Hilfsmitteln, als manche Naturwissenschaftler zugestehen mögen.

Was wir also für wirkliche, objektive Substanz halten, ist etwas, was nur durch uns zu dem wird, wofür wir es halten. Gemessen an der komplizierten Vielschichtigkeit der Welt erfassen unsere Sinne und Apparate vielleicht nur einen kleinen Teil der »Wirklichkeit«. Daß wir bestimmte Bewegungen und Wellen in Elementarteilchen als Farben, Geruch oder Substanz empfinden, verdanken wir nicht den so geschilderten Zuständen selbst, sondern unseren Sinnen, die das

Vorgefundene zu Fertigprodukten verarbeiten, die wir brauchen, um uns zu orientieren.

Unsere Wahrnehmung ist also etwas, was uns über einen komplizierten Apparat ins Bewußtsein projiziert wird. Was die Dinge ohne unser Bewußtsein sind, das wissen wir nicht, genauso wenig empfinden wir Fernsehbild oder Radioton, wenn uns kein Empfänger zur Verfügung steht. Stellen Sie sich vor, wie viele Programme gleichzeitig in Ihrem Zimmer herumschwirren, die Sie mit einer einfachen Antenne empfangen könnten. Aber zum Glück sind Sie dazu nicht gezwungen, der Lärm, der zu unseren bloßen Ohren dringt, macht die Welt ohnehin schon manchmal zur Zumutung. Die nächste Frage: Wie »empfangen« wir unser eigenes Gedächtnis? Sind wir sicher, daß es in unserem kleinen Gehirn gespeichert ist, oder ist dieses auch nur ein Empfänger? Unser Gehirn wäre dann also nur eine reichlich komplizierte »Hardware«, die dafür verantwortlich ist, daß wir den von und für uns gespeicherten Stoff empfangen, was normalerweise funktioniert, in Ausnahmefällen, zum Beispiel bei Schizophrenie, aber nicht, wenn »Störsender« empfangen werden. Kommt man, wenn man solche Gedanken weiterspinnt, auch anderen unerklärbaren geistigen Phänomenen zumindest gedanklich auf die Spur?

Was sind also die »Dinge«, von denen wir nur berichten können, wie sie sich unseren Sinnen zeigen, aber nicht, was sie »an sich« sind? Kant wußte die Antwort, es sind »Dinge an sich«. Da wir sie selbst nie wahrnehmen können (wir nehmen ja nur ihr Erscheinungsbild wahr), bleiben sie abstrakt, gedanklich, nichtexistent. Wieder haben wir also etwas, das wir gern in die Hand nehmen möchten, das aber zerbröselt, bevor wir es berühren. Und dabei dachten wir und Feuerbach, es sei doch alles so einfach.

Wie existent sind Kunstwerke, von denen wir zwar wissen, daß sie geschaffen wurden, die aber niemand kennt? Die Partitur zu mancher Kantate Johann Sebastian Bachs ist verloren. Was blieb von ihnen zurück? … Ist es so, als ob es sie nie gegeben hätte? Was wird aus der Lebensspur, den Worten und Ideen der Verstorbenen? Kann etwas, das nie in der Materie war, erlöschen? Wir wissen, daß das, was wir als Materie bezeichnen, vergänglich ist, was aber geschieht mit dem außerhalb der Materie Wahrgenommenen? Sterben »hardware« und »software« gleichzeitig? Wenn jemand sein geistiges Feld nicht mehr empfangen kann, weil er tot ist, erlischt dann auch dieses Feld ein für allemal oder »existiert« es in irgendeiner für Menschen normalerweise nicht empfangbaren Weise fort? Welche Phänomene warten noch darauf, eines Tages von uns wahrgenommen zu werden, und welche werden unsere Sinne mitsamt ihren technischen Stützen nie in unsere menschliche Realität herüberziehen? Auf solche Fragen gibt es zwar keine verbindliche, objektiv überprüfbare Antwort, aber wer sagt denn, es lohne sich das Denken nur dann, wenn einer eine Antwort weiß? Ist denn das Leben nur ein großes Kreuzworträtsel, das ein anderer Mensch fix und fertig konstruiert hat? Wer sich nur für Fragen interessiert, auf die es eine objektive Antwort gibt, verdient seinen Kopf nicht, falls er einen hat. Denken ist mehr als Probleme lösen, es ist zunächst einmal: Probleme erkennen!

Wenn Berkeley einst sagte »Sein ist Wahrgenommenwerden«, so sah er dies nur positiv. Einem Umkehrschluß »Was nicht wahrgenommen wird, existiert nicht« hätte er nie zugestimmt. Materialisten wie zum Beispiel später Feuerbach konnte und wollte Berkeley nicht dienen. Im Gegenteil! Zur Klarstellung könnte man deshalb seine These auch so verstehen: Die Dinge, die wir wahrnehmen, entstehen durch uns.

Selbstverständlich bezieht sich dies alles auch auf Zustände und Bewegungen, die kein biologisches Wesen je bemerkt hat, die aber dennoch mit den Sinnen hätten wahrgenommen werden können. So gesehen, war die vorbiologische Welt nach dem Urknall eine Wirklichkeit. Das bestreitet niemand. Aber könnte es nicht auch ein Wesen geben, das mit Sinnen ausgestattet ist, die aus dem, was sie vorfinden, etwas ganz anderes formen? Vielleicht erlebt ein solches Wesen, bildlich gesprochen, die Zeit als Mauer, den »Anblick« eines Sterns als Geschmack und eine Leberknödelsuppe als mathematisches Gesetz. Unvorstellbares können wir uns ja bekanntlich nicht vorstellen, aber darüber nachzudenken, das bleibt uns unbenommen.

Daß wir Menschen uns über die Welt verständigen können, verdanken wir allein der Tatsache, daß wir alle miteinander so nahe verwandt sind, daß wir alle aus einer Werkstatt stammen und aus dem gleichen Material geformt sind. Je mehr wir über solche Alternativen nachdenken, desto eher wird uns bewußt, wie sehr es beim Verstehen und Verstandenwerden auf die Einsicht ankommt, daß alle Menschen von der gleichen Hand geschaffen sind. Uns verbindet ein gemeinsamer Geist, der unsere gemeinsame Welt hervorbringt. Und ohne diesen Geist wäre alles wüst und leer.

Wer weiterdenken möchte, kann sich überlegen, ob die »Schöpfung« nicht auch als ein geistiger Vorgang der Bewußtwerdung angesehen werden kann. Wenn ein lebender Geist aus der Materielosigkeit »seine« Dinge wirklich werden läßt, dann hängt deren Existenz tatsächlich davon ab, daß ein Bewußtsein existiert. Wie dem auch sei, der Idealismus hat noch längst nicht ausgedient.

Wenn die Welt stehenbleibt, hört auch die Materie auf. Was dann zurückbleibt, wollen manche schon verspürt haben.

19. RUNDWEG

Läßt sich die Zeit anhalten?

Wegweiser: Für Gott ist der ganze Ablauf des Universums auf einmal gegeben. Es gab also keine Zeit, bevor ER die Welt erschaffen hat.

WERNER HEISENBERG (1901–1976)

*Du selber machst die Zeit, das Uhrwerk sind die Sinnen. /
Hemmst du die Unruh' nur, so ist die Zeit von hinnen.*

ANGELUS SILESIUS (1624 – 1677)

Was hat der Satz des Atomphysikers und Nobelpreisträgers Heisenberg mit dem Vers des Mystikers Johannes Scheffler zu tun, der sich in seinem Reimbuch *Cherubinischer Wandersmann* Angelus Silesius (Schlesischer Bote) nannte? Besteht zwischen beiden Aussagen nur eine zufällige oder doch eine ganz bestimmte unter-, beziehungsweise überirdische Verbindung? Es klingt doch geradezu paradox: Der nüchterne Naturwissenschaftler spricht von Gott, und der von Religiosität überschäumende Barockdichter maßt sich selbst an, die Zeit zu »machen«. Ist da nicht die Welt verkehrt: Bescheidenheit des Kernphysikers und Anmaßung des Mystikers? Den Gipfel solchen »Hochmuts« bildet vielleicht dieser Vers:

»Ich weiß, daß ohne mich Gott nicht ein Nun kann Leben. / Werd ich zunicht, Er muß vor Not den Geist aufgeben.«

Wie läßt es sich erklären, daß hier ein frommer Mensch von sich behauptet, er selbst bestimme über die Zeit und Gottes Existenz? Bestätigung und Erklärung bietet der folgende Vers Schefflers, der seine innige, aber höchst private, gewissermaßen nicht soziale Religiosität erkennen läßt:

»Dafern mein Will' ist tot, so muß Gott, was ich will: / Ich schreib ihm selber vor das Muster und das Ziel.« Schon wieder eine Provokation: Ein Mensch befindet nicht nur über Gottes Existenz, sondern er schreibt ihm sogar noch vor, was Er zu tun hat. Voraussetzung allerdings ist, daß der menschliche Wille tot ist. Das scheint also das wahre Geheimnis der Mystiker zu sein: Sie töten ihren (eigenen) Willen, und dann erscheint dies:

»Wer ist, als wäre er nicht und wär' er nie geworden, / der ist (o Seligkeit) zu lauter Gott geworden.« Man muß also sein, als wäre man nicht. Was folgt dann? Der Cherubinische Wandersmann scheint es zu wissen:

»Mensch, wo du deinen Blick schwingst über Ort und Zeit, / so kannst du jeden Blick sein in der Ewigkeit.« Scheffler bietet in seinen 1675 »geistreichen Sinn- und Schlußreimen« (fast alles Zweizeiler) eigentlich nur das, was die Mystiker aller Zeiten, Kulturen und Religionen schon immer wußten. Da er sich aber das strenge Korsett des zweizeiligen Verses anlegte, konnte und mußte er knapp und präzise formulieren. Darin waren seine Reime den weitschweifigen Prosatexten jener Zeit überlegen, daher rührt sein die Jahrhunderte überdauernder »Erfolg«. Auch seine Lieder, zum Beispiel »Ich will dich lieben, meine Stärke«, werden heute noch in Kirchen gesungen.

Der Mystiker scheint es also fertigzubringen, daß er das körperliche, sinnliche Empfinden, jegliches Ichgefühl, jeglichen Willen ausschaltet und dann vorübergehend in eine Art Jenseits gerät, wo es weder Zeit noch Raum gibt, sondern nur eine völlige Übereinstimmung mit Gott:

»Dann wird das Blei zu Gold, dann fällt der Zufall hin, / wenn ich mit Gott durch Gott verbunden bin.«

Mystiker, denen Gott nichts bedeutet – auch das gibt es – sprechen hier vom »kosmischen Bewußtsein«.

Schefflers Sinnspruch über die selbstgemachte Zeit erlangt eine neue Aktualität, wenn man ihn mit Erkenntnissen der Kernphysik in Verbindung bringt. Das Wort »Unruhe« gibt ihm Anlaß zu einem geistreichen Wortspiel: Die Unruhe ist zugleich Teil der Uhr, der Pendelbewegung in Drehbewegung übersetzt, und der körperliche Zustand, der auch den Menschen in Bewegung hält, etwas, was der Normalmensch nicht anhalten kann. Wir können (normalerweise) zu Lebzeiten Unruhe und Zeit nicht ausschalten, wir werden von der Zeit getrieben und angetrieben. Ohne Zeit können wir nicht leben. Nur wir Menschen nicht? Wie sieht es mit der Natur aus? Was wäre die Welt ohne Zeit? Diese Frage beschäftigt auch die Atomphysiker.

Die kindliche Frage: »Wo ist der Wind, wenn er nicht weht?« ist, so gesehen, gar nicht abwegig. Der Wind, der nicht weht, existiert nicht. Was ist, wenn man den Schall »anhält«? Das ist das gleiche Phänomen, wie wenn man eine Schallplatte anhält. Sie bleibt dann nicht etwa auf dem gerade gespielten Ton stehen, sondern sie verstummt. Was ist mit dem Licht, wenn man die Zeit anhält? Es erlischt, Schallwellen und Lichtwellen breiten sich in der Zeit aus. Ohne Zeit ist es totenstill und dunkel. Aber was geschieht mit der Materie? Bleibt sie als stumme, kalte und dunkle Form zurück? Ließe sich die Erde außerhalb der Zeit noch »fühlen«? An dieser Frage entzünden sich die streitbaren Geister seit mehreren Physikergenerationen: Was ist Materie?

Heisenberg bietet nach lebenslangem Ringen um die Quantentheorie zwar keine endgültige Lösung, aber doch eine Sprachregelung an. Auf der Suche nach der Materie kommen die Physiker nämlich ins Schwimmen. Sie können fast alles messen und berechnen, wissen aber letzten Endes doch nichts.

Als kleinster Teil eines Elements wird das Atom angesehen. Dieses setzt sich aus Elementarteilchen, also aus einem Kern – bestehend aus Protonen und Neutronen – und ganz weit außen »kreisenden« Elektronen zusammen. So läßt sich dies in Chemiebüchern darstellen. Die verschiedenen Elemente haben keine eigenen, nur bei ihnen vorkommenden Elementarteilchen, sondern sie unterscheiden sich nur durch deren Zahl je Atom. Diese Teilchen sind also auswechselbar, und so kann aus einem Element ein anderes entstehen, notfalls »Gold aus Blei«. Die weitere Forschung ergab dann aber, daß auch die Elementarteilchen sich in andere umwandeln können, daß es bei ihnen zahlreiche weitere Arten als Varianten und Übergangsmöglichkeiten gibt. Also auch sie sind letzten Endes alle aus demselben »Stoff« gemacht. Welches ist dieser Stoff? Gibt es eine stoffliche, eine »fühlbare« Grundsubstanz? Heisenberg vertritt die Ansicht, daß die Ursubstanz mit menschlicher Sprache weder eindeutig definiert noch beschrieben werden kann. Die Annahme, es handle sich um Teilchen, führt ebenso zu Widersprüchen wie die, es handle sich um Wellen. Auch der Begriff »Materiewellen« ist keine Lösung des Problems. Feststellbar sind letzten Endes nur Energie und sich verändernde Zustände. Diese Änderung ist aber ihrerseits auch nicht eindeutig definierbar. Wenn man sich die Stoffe letztlich aus Elementarteilchen zusammengesetzt vorstellt, dann geht alles im wahrsten Sinne des Wortes drunter und drüber. Nichts hat seinen festen Platz. Was die Substanz zusammenhält, sind auch nicht geordnete Bewegungen, die sich physikalisch bestimmen lassen, sondern eher Wahrscheinlichkeiten. Die Elemente bleiben nicht deshalb stabil, weil jedes »Teilchen« beziehungsweise das, was so bezeichnet wird, seinen festen Platz oder Wert hat, sondern deshalb, weil die Teilchen oder Energien die Neigung haben, sich immer wieder in gleichartigen Strukturen zusammenzufinden. Was die Materie im Innersten zusammenhält, ist nichts Starres, sondern eine »Möglichkeit oder eine Tendenz zum Sein«, es gibt also nach Heisenberg kein wirkliches, sondern nur ein potentielles Sein. Das sind abstrakte, geistige Begriffe und so ist es auch gemeint.

Zurück zum Ausgangspunkt. Was geschähe, wenn man die Zeit und mit ihr alle Bewegungen anhalten könnte? Die Welt wäre nicht einfach nur stumm, kalt und dunkel, sie wäre auch ohne Materie und Raum, denn die setzen den Ablauf von Zeit voraus. Ohne Zeit: Nichts. Ein »Nichts«, das wir Normalmenschen uns nicht vorstellen können. Vielleicht ist das Wort »nichts« auch der falsche Ausdruck. Denn es bleibt die Idee der Welt und mit ihr die Idee, der Geist, der Plan, der Logos, das Feld aller Wesen und Dinge. Aber dies wußte schließlich auch schon Platon.

Läßt sich die Zeit anhalten? Die Antwort des Mystikers lautet: Ja. So, wie er das Gefühl hat, mit Gott oder mit dem Weltganzen identisch zu sein, so steht für ihn, und sei es für Sekunden, die Welt still, das heißt, sie existiert nicht. Den Normalsterblichen gelingt dies zu Lebzeiten nicht. Ein Zeitgenosse Schefflers, Paul Gerhardt, drückte die Hoffnung auf den Zustand nach dem Tod in folgendem Reim aus: »Mit dir will ich endlich schweben / voller Freud / ohne Zeit / dort im andern Leben.«

Wenn das alles »stimmt«, gibt es dann zwei Welten: eine, die sich dreht, und eine, die steht, eine erschaffene und eine unerschaffene? Oder kann man annehmen, daß diese beiden doch nur eine Welt sind?

Woher weiß ein Wassermolekül, wie der Stern auszusehen hat, zu dem es sich mit anderen im Schneekristall zusammenfindet? Warum hat ein Mädchen mit Tonkrug viele hundert Jahre lang »agua« gerufen?

20. RUNDWEG

Die auswechselbare Gegenwart oder Das Mädchen von Toledo

Wegweiser: »Dicsono: Behauptet Ihr etwa, daß nicht nur die Formen des Universums, sondern die Formen aller natürlichen Dinge beseelt sind?
Teofilo: Ja.
Dicsono: Sind also alle Dinge beseelt?
Teofilo: Ja.
Dicsono: Wer aber wird Euch das zugestehen?
Teofilo: Wer könnte es denn mit Grund bestreiten?
Dicsono: Es ist allgemeine Meinung, daß nicht alles belebt ist.
Teofilo: Die allgemeinste Meinung ist nicht die wahrste.«

GIORDANO BRUNO (1548–1600)

Wer heute nach Toledo kommt, wird das Mädchen vermutlich nicht mehr finden. Als ich vor fünfundzwanzig Jahren zum erstenmal dort war, sah ich sie noch. Sie hatte lange schwarze Zöpfe, einen bunten Rock und in der Hand einen Tonkrug. Sie wiederholte immer nur ein Wort: »Agua«. Sie bot Trinkwasser an.

Als ich sie da so ruhig und fast unbewegt mit ihrem Wort sah und hörte, schoß mir wie ein Blitz ein Gedanke durch den Kopf: Liebes Mädchen, wie viele hundert Jahre stehst du hier schon auf diesem Platz mit deinem Wasserkrug und dem einen Wort »agua«? Stand das Mädchen einst nicht auch in Palermo oder in Tarent? Überall das gleiche Mädchen mit den schwarzen Zöpfen und dem Wort, das die Römer »aqua« schrieben und das in Italien »acqua« heißt. Auch der Tonkrug hat rund um das Mittelmeer dieselbe Form seit Tausenden von Jahren.

Erst in den letzten Jahren hat sich ihr altes Bild gewandelt. Sie trägt jetzt Jeans, hat kurze Haare und verkauft Cola und Eis, vielleicht ist es die Tochter des Mädchens von damals. Aber das spielt hier keine Rolle. Ganz vergangen ist das Bild des Mädchens von damals allerdings nicht. Sie hängt, natürlich etwas verunstaltet, als billiges Warenhaus-Ölgemälde in vielen deutschen, nach Onkel-Erwin-Geschmack eingerichteten Wohnstuben.

Was hat dieses Mädchen mit der Beseeltheit der Dinge zu tun, von der der abtrünnige Mönch Giordano Bruno sprach, der wenige Jahre nach seiner Schrift *Über die Ursache, das Prinzip und das Eine* ein Opfer der Inquisition wurde und in Rom auf dem Scheiterhaufen gestorben ist? Bruno sah in den Dingen nicht nur ihre gegenwärtige Form, er sah in ihnen die Verkörperung eines geistigen, zeitlosen Prinzips. Bruno schrieb in provozierender Weise von der »Weltseele«, die sich in allen Dingen verkörpere: »Wenn nun das Leben sich in allen Dingen findet, dann ist die Seele die Form aller Dinge; sie ist überall die Herrin der Materie und herrscht in den zusamengesetzten Dingen; sie bewirkt die Zusammensetzungen und den Zusammenhalt der Teile. Und daher scheint es, daß der Form die Dauer nicht weniger zukommt als der Materie. Die Form verstehe ich als ein und dieselbe in allen Dingen...«

Solche Sätze zu verstehen ist nicht leicht. Sollte denn das Mädchen, um beim Beispiel zu bleiben, noch etwas anderes verkörpert haben als sich selbst, soll es ein auswechselbarer Bestandteil von etwas gewesen sein, das nicht in ihr, sondern außer ihr war? War sie nur die Verkörperung eines Prinzips? Und wenn wir das annehmen, worin besteht dieses »Prinzip«, ist es mehr als Gewohnheit, Überlieferung, Nachahmung, Resonanz?

Viele Menschen der heutigen Zeit werden solche Gedanken nicht nachvollziehen können. Dies gilt nicht nur für heute. Das war schon immer so, auch zur Zeit Brunos, der ja für seine Überzeugung gestorben ist. Aber er sagte schließlich auch: Die allgemeinste Meinung ist nicht die wahrste. Warum fällt es so schwer, an eine Form »über« den Dingen zu glauben? Die Antwort ist ganz einfach: Weil wir sie nicht »in« den Dingen sehen. Wenn wir im Wassermolekül die wunderbaren, sechsgezackten, sternförmigen Blumenmuster der Schneekristalle suchen, dann suchen wir vergebens. Diese (potentielle) Formenvielfalt ist nicht im Molekül. Und doch, sobald die entsprechenden äußeren Bedingungen eintreten, »weiß« jedes Molekül, wie man gemeinsam mit all den vielen anderen einen schönen Kristall bildet. Es ist, unchemisch gesprochen, wie wenn die Moleküle in unsichtbare Formen gegossen oder gepreßt würden, Formen, die gewissermaßen überall dort bereitstehen, wo feine Wassertröpfchen in niedere Temperaturen gelangen. Immer und überall auf der ganzen Welt.

Wir sehen Ameisen und können uns nicht vorstellen, daß der Ameisenstaat nicht einfach nur durch die Zusammenarbeit und die Kommunikation einzelner Ameisen zustande kommt, sondern eine »Form« ist, in der die einzelne Ameise nur ein unselbständiges Teilchen darstellt. Der Staat ist nicht »in« der Ameise, sondern »über« ihr. Und jetzt kommt der provozierende Schluß: Beim Menschen ist das nicht grundsätzlich anders, sondern nur komplizierter. Unser »Ameisenstaat« ist die demoskopisch erfaßbare Einheit. Wie bitte? Wenn es genügt, zweitausend Menschen zu befragen, und diese Erkenntnis zu sechsundneunzig Prozent repräsentativ für den Rest der ganzen Gesellschaft ist, wie steht es dann mit unserer Freiheit? Ist denn nicht jede scheinbar voreilige Hochrechnung am Wahlabend ein Schlag ins Gesicht der Demokratie? Wenn man zur Kenntnis nimmt, daß die Hochrechnungen aus wenigen Bezirken schon die Wirklichkeit nahezu erfassen, darf man dann noch den Vergleich zum Ameisenstaat für absurd erklären?

Unsere Freiheit, so gesehen, besteht darin, daß wir wählen können, auf welche Weise (und mit welchem Kreuzchen auf dem Zettel) wir das Prinzip, das über uns ist, verwirklichen. Als Individuen sind wir vielleicht austauschbar, räumlich und zeitlich. Solche Prinzipien können verschiedene Namen tragen: Form, Gestalt, Idee, Struktur, Organismus, Mensch, Gänseblümchen, Ameisenstaat, Atom, Planetensystem oder –

Mädchen mit Tonkrug. Solche Formen kommen und gehen. Manche vergehen schnell wieder, beispielsweise ein Wahlergebnis, manche halten ein bißchen länger, so zum Beispiel die Milchstraße. Aber was heißt schon kurz oder lang? Unsere Zeitvorstellung ist doch wohl nicht die einzig mögliche. Alle »Dinge« – auch jeder einzelne Mensch – sind nur ein Bestandteil eines sich über unsere »zufällige« Existenz hinaus langsam entwickelnden geistigen Prinzips. Die Seele als »Herrin der Materie« läßt vielleicht erkennen, daß es eine »Materie« ohne geistiges Kraftfeld gar nicht gibt. Der englische Biochemiker Rupert Sheldrake (geb. 1942) verwendet hierfür den Begriff »morphisches Feld«, um zu zeigen, daß Form und Gestalt aller Dinge durch immaterielle Felder vorbestimmt sind, die nicht in den Dingen sind, sondern außerhalb. Sie sind gewissermaßen »das Gedächtnis der Natur« (so übrigens lautet auch der Titel eines Buchs von Sheldrake). Und unsere Gene? Sie sind die Voraussetzung dafür, daß wir »unser« Feld überhaupt finden. Unser Gehirn wäre dann also nur die »Hardware«, die »Software« dagegen nicht in uns gespeichert.

Eigenartigerweise zitiert Sheldrake Giordano Bruno nicht. Das ist schade, die beiden könnten sich vermutlich gut verstehen. Beide haben etwas gemeinsam: Sheldrakes erstes Buch *Das schöpferische Universum* wurde von dem englischen Wissenschaftsmagazin *Nature* als »Topkandidat für Bücherverbrennung« bezeichnet. Bei Bruno wurden nicht nur die Bücher verbrannt, man verbrannte den Autor gleich mit und setzte das, was er geschrieben hatte, auf den Index der vom Papst verbotenen Schriften.

Wie man zu den Theorien über die Beseeltheit der Natur oder über die »morphischen Felder« auch stehen mag, nachdenken ist immer besser als verurteilen, und schließlich sagte ja schon Giordano Bruno: »Die allgemeinste Meinung ist nicht die wahrste.«

Schuld und Schicksal

Wir meinen, wir seien frei, wenn wir das tun können, was wir wollen. Aber was wollen wir eigentlich? Wer oder was bestimmt unseren Willen? Gehorcht uns unser Wille, oder gehorchen wir ihm? Je weiter wir danach forschen, desto zweifelhafter wird unsere Freiheit.

21. RUNDWEG

Lernen ohne Kritik?

Wegweiser: Der Zeitpunkt des Lernens ist nicht der Zeitpunkt des Urteilens.

JOHANN HEINRICH PESTALOZZI (1746–1827)

Es gibt wohl kaum einen Spruch, der unserem heutigen Denken so in die Quere kommt wie Pestalozzis Aufforderung zum (zunächst) unkritischen Lernen. Soll und darf man diesen Menschen mit seinem immer wiederkehrenden Bekenntnis zu Häuslichkeit und Mutterliebe überhaupt noch ernst nehmen, oder ist es besser, ihn als zwar interessanten aber gründlich überholten Denker der Goethezeit im Staub einer alt»väterlichen« Pädagogik ruhen zu lassen?

Meine früheste Begegnung mit Pestalozzi stammt aus der Tanzstundenzeit. Damals holte ich gelegentlich ein Mädchen zu Hause ab. Wenn ich kam, war sie noch mit ihrer Schönheit beschäftigt. Ich wartete also ein paar Minuten im Wohnzimmer auf ihren Auftritt und durfte dazu Platz nehmen, und zwar ausgerechnet am Schreibtisch des Familienvaters. Die Eltern und die drei

Geschwister trieben sich indessen irgendwo sonst im Haus herum, ich war jedenfalls allein im Zimmer. Auf dem Schreibtisch stand in einem Glasrähmchen ein Spruch, der dem Vater anscheinend besonders wichtig war: »Im Hause muß beginnen, was werden soll im Vaterlande. – Pestalozzi.« Wenn ich so wartete, blieb mir in meiner Verlegenheit nichts anderes übrig, als diesen Spruch zu lesen, so daß ich ihn heute noch wörtlich kenne. Ich muß allerdings gestehen, daß ich mir über Inhalt und Zusammenhang dieses Satzes damals keine Gedanken gemacht habe, mein Denken war in diesen Minuten (und Jahren) anderweitig belegt. Ich sage es ganz offen: Der Satz bedeutete mir gar nichts.

Denke ich jetzt darüber nach, dann hat sich Pestalozzis Denken bewahrheitet, zumindest insofern, als ich den Spruch einst völlig unkritisch und ohne Absicht behalten habe, aber heute über ihn »verfügen« kann. Ich lernte damals und urteile heute. Übrigens sagte der Bruder meiner damaligen Tanzfreundin einige Jahre später, man habe mich mit Absicht an diesem Schreibtisch warten lassen, weil dort jener Spruch stand. Ich glaube zwar, daß dies geflunkert war, aber immerhin hätte es ja so sein können.

Was im Menschen vor sich geht, wenn er lernt und erzogen wird (für Pestalozzi gab es zwischen Lernen und Erziehung keinen Unterschied), darüber gibt es Bibliotheken voller Weisheit aber auch Dummheit, wie in jeder Wissenschaft. Hier sollen dazu keine Theorien ausgebreitet werden. Eine Überlegung aber ist fällig: Die in das Lernen integrierte Kritik hat sich in vielen Bereichen als wirksame Lernmethode erwiesen. Die Frage nach dem Warum einer zu lernenden Sache, das kritische Zerbröseln des Stoffes im Prozeß des Aneignens mag beim Lernen ab einer gewissen Altersstufe nützlich sein. Aber es ist eine andere Frage, ob es richtig ist, kleine Kinder schon direkt oder indirekt zur Kritik aufzufordern, bevor sie die Zusammenhänge überhaupt verstehen können. Wer Kritik übt, muß auch lernen, mit der Verantwortung umzugehen, die mit ihr verbunden ist. Darum nämlich geht es Pestalozzi. Er selbst war ein heftiger Kritiker. Niemand wetterte zum Beispiel so wie er gegen das »papageienartige« Auswendiglernen des Katechismus, und er schuf sich dadurch keineswegs Freunde. Das ländliche Schulwesen zu seiner Zeit war nicht nur in der Schweiz ziemlich verlottert. Es war geprägt von geistlosem Drill durch lieblose und pädagogisch völlig ungeschulte Lehrer. Dieses System wollte Pestalozzi umkehren: Aus dem Zwang zum Lernen sollte der Drang zum Lernen werden.

Wie schon Pestalozzis geistiger Lehrmeister Jean Jacques Rousseau wußte, hat jeder Mensch das natürliche Bestreben, sich Wissen über die Welt anzueignen, in der er leben will und muß. Das Kind will die Welt mit eigenen Augen und mit eigenem Herzen erfahren, es sucht und forscht, es lernt an und mit den Dingen, die es umgeben, es lernt mit seinen Sinnen – und läuft doch bei jedem Schritt Gefahr, sich zu verirren. »Die Natur allein führt uns unbestechlich und unerschüttert zur Wahrheit und Weisheit.« Aber wer ist die Natur? Zeigt sie sich denn dem Menschen immer unvermittelt? Nein, der erste Drang des Kindes ist die Liebe zur Mutter. Es will von ihr an die Brust und dann an die Hand genommen werden. In seiner kreatürlichen

Anhänglichkeit an sie lernt das Kind die Liebe zur Mutter, zur Welt und zu Gott kennen. Diese Liebe ist zunächst für jeden Menschen Antrieb und, heute würde man sagen »Medium« allen Lernens. Pestalozzi sagte deshalb: »Der erste Unterricht sei nie Sache des Kopfes, er sei nie Sache der Vernunft – er sei ewig Sache der Sinne, er sei ewig Sache des Herzens, die Sache der Mutter. – Das zweite Gesetz, das ihm folgt, ist dieses: der menschliche Unterricht gehe nur langsam von der Übung der Sinne zur Übung des Urteils, er bleibe lange die Sache des Herzens, ehe er die Sache der Vernunft, er bleibe lange die Sache des Weibes, ehe er die Sache des Mannes zu werden beginnt.«

Die Kritikfähigkeit sieht Pestalozzi als männliche, vernunftbetonte Eigenschaft, die erst nach der sinnlichen Erziehung durch die Mutter entwickelt werden kann. Ob man diese geschlechtsspezifische Rollenverteilung heute noch so sehen kann und will, dürfte hier eine nebensächliche Frage sein, denn der Mann Pestalozzi selbst übernahm zeitlebens immer wieder in seinen (meist gescheiterten) Anstalten die eher mütterliche Rolle. Sein ganzes Lebenswerk war eigentlich ein großes Bekenntnis zur Mutterliebe, das er bis zu hymnischen Sätzen steigerte: »Mutter! Mutter! Heilige du mir den Übergang von deinem Herzen zu dieser Welt durch die Erhaltung deines Herzens! ... Mutter! Mutter! Wenn ich dich liebe, so liebe ich Gott, und meine Pflicht ist mein höchstes Gut.« Dieser »Kult« hat seinen Ort: Es ist das »Heiligtum der Wohnstube«. Hier muß das »Vaterland« beginnen. Ein Kind, das ohne Zuhause, ohne Geborgenheit aufwächst, läuft Gefahr, ein gesellschaftlicher Krüppel zu werden – und mit solchen kann man keinen Staat machen. Wem ein solcher Satz aus volkswirtschaftlichen oder ideologischen Gründen unwillkommen ist, der sollte sich offen zu seinen Absichten bekennen und zugeben, daß er die Augen vor der Realität verschließt. So etwa könnte man Pestalozzis Absichten heute formulieren.

Was im Menschen ist heute, zweihundert Jahre nach Pestalozzi, anders geworden, was ist zeitlos und unveränderlich? Gibt es eine Mutterliebe, die durch Fernsehen und Video vermittelt oder ersetzt werden kann? Falls nein, was wird aus Kindern, die die Welt ohne diese Art der Zuwendung erfahren? Werden sie schlechter als früher oder einfach nur andes? Was hätte Pestalozzi zu unseren Drogenproblemen und zu der Tatsache gesagt, daß Studenten scharenweise bei Psychologen Linderung ihrer seelischen Nöte suchen?

Auf diese Fragen ließen sich wohl leicht einige Antworten im Sinne Pestalozzis finden. Die weit schwierigere und unbequemere Frage wäre dann aber die: Wie und in welcher Weise gehen die moderne Pädagogik und Psychologie mit solchen Fragen um, und zwar nicht nur in der Theorie, sondern auch in der täglichen Praxis? Angenommen, eine Politikerin oder ein Politiker würde sich die Thesen Pestalozzis in modernisierter Form, aber mit ursprünglicher Konsequenz zu eigen machen, wie würde man über sie denken? Würde man sie ernst nehmen – dürfen? Was wird aus dem »Vaterlande«, das im Hause nicht beginnt, sondern verdrängt wird? Wie sieht die Politik derer aus, die sich nicht als »Hausvater«, sondern als »Manager« sehen? Läuft hier eine Entwicklung ab, deren Auswirkungen sich vielleicht erst noch zeigen werden?

Diese und viele andere Fragen tauchen auf, wenn man sich ein wenig mit Pestalozzi beschäftigt, zum Beispiel mit seinem Buch *Wie Gertrud ihre Kinder lehrt* (1801), dem auch die hier verwendeten Zitate (außer dem Schreibtischspruch) entstammen.

Die Zeit des Urteilens, wann soll sie kommen, ab wann und auf welche Weise muß die Urteilsfähigkeit in das Lernen einbezogen werden, damit es nicht zu spät für sie ist? Hätte sich Deutschland einst einem Diktator zu Füßen geworfen, wenn seine Menschen im Urteilen ebenso gut geschult gewesen wären wie in einer oft mißverstandenen Vaterlandsliebe? Medaillen haben es nun einmal so an sich, daß sie zwei Seiten haben. Wofür könnte man Pestalozzi verantwortlich machen und wofür nicht?

Um ihm kein Unrecht zu tun, wollen wir uns das vorangestellte Zitat noch einmal im Zusammenhang anschauen: »Ich glaube der Zeitpunkt des Lernens ist nicht der Zeitpunkt des Urteilens; der Zeitpunkt des Urteilens geht mit der Vollendung des Lernens, er geht mit der Reifung der Ursachen, um derentwillen man urteilt und urteilen darf, an.« Also kurz gesagt: Urteilen ist das Ziel des Lernens – aber nicht immer seine Methode.

Bringt man das ganze Problem in einen weiten Zusammenhang, dann müssen wir uns fragen: Wie lernbereit und lernbegabt sind in unserer Gesellschaft diejenigen, die berufsmäßig Kritik üben, zum Beispiel als Politiker oder Journalisten? Ist ihnen Kritik ein Mittel der Verantwortung für das Ganze oder nur Mittel zu einem bestimmten sonstigen Zweck? Pestalozzi hatte wohl schon seine Erfahrung mit Menschen, denen es nur um

Worte ging. »Das grundlose Wortgepränge einer fundamentlosen Weisheit erzeugt Menschen, die sich in allen Fächern am Ziel glauben, weil ihr Leben ein mühseliges Geschwätz von diesem Ziel ist.«

Das wirkliche Ziel ist viel weiter draußen. Es ist der reife, kritische, verantwortungsbewußte Bürger, unabhängig davon, was man ihm vordergründig beigebracht hat. Dies hat nichts mit kurzfristig erreichbaren »Lernzielen« zu tun; im Gegenteil. Auch ein Landwirt kann nicht erwarten, daß seine Saat am nächsten Morgen schon aufgeht. Wer seinen Zöglingen nur das beibringen will, was sie derzeit interessiert, was ihrer Kritik standhält und was sie widerstandslos verkraften, der verfehlt seine Aufgabe, weil er nicht auf das langsame Reifen eines Menschen vertraut, das oft späte, kaum mehr erwartete Früchte bringt.

*Es gut, wenn man sein Ziel vor Augen hat; aber wer das
Glück erst am Ende des Wegs erwartet, wird es auch dort
nicht finden.*

22. RUNDWEG

Auf dem Weg am Ziel?

*Wegweiser: Gesetzt, jemand würde mitteilen, daß nicht die
Wahrheit die Wahrheit ist, sondern der Weg sei die Wahrheit, das heißt, daß die Wahrheit nur im Werden, im Prozeß
der Aneignung sei, daß es also kein Resultat gäbe, ... dann
wäre seine Aussage gerade ein Resultat.*

SÖREN KIERKEGAARD (1813–1855)

Er muß ein entsetzlich unangenehmer Mensch
gewesen sein, dieser Sören Kierkegaard. Er hatte nie
ein gutes Gewissen. Bei allem, was er sagte, bohrte
er in den Hinter- und Abgründen seines Denkens.
Bevor er mit einem Gedanken fertig war, hatte er ihn
schon wieder halb verworfen. Er durfte mit nichts
fertig werden, weil er alles nur im Werden erkannte,
und er wurde auch mit nichts und mit niemandem
fertig, am allerwenigsten mit sich selbst. So wurde
er zum Genie der Vorläufigkeit des Denkens. Aber
sein Gedanke, daß die Wahrheit nur im Weg zu
erkennen sei, durchzieht sein ganzes Werk. Kierkegaard war ein Wanderer, nie ein »Ankommer«, er
war ein »Relativierer«, nie ein »Behaupter«.

172

Aber wie sieht es mit uns aus, die wir mangels Genies gezwungen sind, uns mit der Mitwelt ein bißchen besser zu arrangieren als er? Genügt uns der Weg, oder wollen wir immer und überall ankommen? Solche Fragen dringen in unseren gewöhnlichen Alltag ein, wenn wir bereit sind, uns ihnen zu stellen. Ich sitze an einem sonnigen Samstagspätnachmittag mit der Schreibmaschine auf der Terrasse und blicke hinunter auf die fast sechshundert Meter tiefer liegende Rheinebene, die im heißen Dunst liegt. Von den Vogesen auf der anderen Rheinseite ist heute nichts zu sehen. Heute morgen haben Helga und ich eine Wanderung vom Ruhestein nach Baiersbronn gemacht. Auf dem achtzehn Kilometer langen Weg durch ein Hochmoor und herrliche Wälder sind wir gerade zwei Menschen begegnet. Unten in Baiersbronn (am Ziel!) konnten wir die Straße kaum überqueren, eine schier endlose Blechlawine zog in Richtung Freudenstadt. Ich habe nichts gegen Autofahrer, denn erstens brauchten wir den Bus, um wieder zum Ruhestein zu gelangen, und zweitens stand dort unser eigener Wagen. Nach der Rückkehr las ich zufällig (?) in dem 1990 erschienenen Roman von Milan Kundera *Die Unsterblichkeit* folgende Sätze: »Der Weg: ein Streifen Erde, den man zu Fuß begeht. Die Straße unterscheidet sich vom Weg nicht nur dadurch, daß man sie mit dem Auto befährt, sondern auch dadurch, daß sie nur eine Linie ist, die zwei Punkte miteinander verbindet ... Der Weg ist ein Lob des Raumes. Jedes Teilstück hat einen Sinn für sich und lädt zum Verweilen ein. Die Straße ist die triumphale Entwertung des Raumes, der dank ihr heute nur noch ein Hindernis für die Fortbewegung, nur noch Zeitverlust ist.«

Es mag banal klingen, aber wenn es uns heute morgen nur darauf angekommen wäre, nach Baiersbronn zu gelangen, um dort im Gasthaus Krone zu Mittag zu essen, wären wir mit dem Auto in ein paar Minuten dort gewesen. Unterwegs hätte ich mich vielleicht darüber geärgert, daß sich die holländischen Wohnwagen auf der kurvenreichen Strecke nicht überholen lassen. Aber im Wald war das doch ganz anders. Hier war der Aufenthalt Selbstzweck. Einmal zwang uns ein Moortümpel, der sich mitten auf dem Weg gebildet hatte, zu einem kleinen Umweg. An einer anderen Stelle mußten wir über Holzstämme klettern, die quer in einer Wegabzweigung lagen. Außerdem waren die vielen Walderdbeeren ein »Hindernis«, das Zeit kostete. Aber das Ziel? Wer so durch den Wald geht, wird im wahrsten Sinne des Wortes zum Außenseiter.

Kundera fährt fort: »Noch bevor die Wege aus der Landschaft verschwanden, waren sie aus der menschlichen Seele verschwunden: der Mensch verspürte keine Sehnsucht mehr zu gehen, die eigenen Beine zu bewegen und sich daran zu erfreuen. Nicht einmal sein Leben sieht er mehr als Weg, sondern als Straße: als Linie, die von einem Punkt zum andern führt.«

Ich habe die Erfahrung gemacht, daß Gegenwart einen entsetzlich langweilen kann, wenn man immer nur an sein Ziel denkt, und sei es eines, das in fünf Minuten auf uns wartet. Das Ziel ist ja immer etwas, das noch nicht da ist, also etwas »Ungegenwärtiges«. Das Ziel ist ein unerfüllter Wunsch, ein noch nicht erreichter Zustand, eine noch ausstehende Befriedigung, also etwas, was mich unzufrieden macht, weil ich es noch nicht habe.

Käme es also jetzt darauf an, ziellos zu leben und zu arbeiten? Das wäre natürlich falsch. Ich stelle mir einen möglichen Umgang mit diesem Dilemma etwa so vor: Ein Ziel ist dazu da, daß wir den richtigen Weg heraussuchen, daß wir in den richtigen Zug einsteigen, daß die Weichen richtig gestellt sind. Dazu müssen wir eine ganze Reihe von Entscheidungen treffen. Auch heute morgen mußte ich gelegentlich die Wanderkarte zu Rate ziehen, weil an einigen Stellen die Wegzeichen verschwunden waren. Aber im übrigen hatte ich immer das Gefühl, dort zu sein, wo ich hinwollte: auf dem Weg.

Wenn Ernst Bloch immer wieder vom gegenwärtigen »Noch-nicht« spricht, dann schildert er damit eigentlich einen unvollkommenen Zustand. Der mit »Noch-nicht und nur erst Möglichem geladene Horizont« ist für ihn etwas Fertiges. Es ist vielleicht ein Grund einer erlebbaren Hoffnung, aber es kann auch Anlaß dazu werden, die Gegenwart aus dem Auge zu verlieren und sich auf eine im wahrsten Sinne des Wortes ungenießbare Utopie einzulassen.

Das Leben hat schließlich nur den Sinn, den es jetzt hat. Den morgigen Sinn können wir erst morgen erfahren. Goethe in Ehren, aber die letzten Worte, die er seinen Faust (im zweiten Teil) sprechen läßt, reizen mich zum Widerspruch:

»Im Vorgefühl von solchem hohen Glück
Genieß ich jetzt den höchsten Augenblick.«

Wer ein »Vorgefühl« braucht, und sei es so erhaben wie das des Faust, ist doch wohl noch nicht ganz erlöst.

Wer Klavier spielt, um noch besser spielen zu können, der spielt nicht, sondern der übt. Nur der spielt wirklich, der einfach Freude daran hat, wenn es klingt. Wo sollte er auch ankommen? Der Schlußakkord ist das Ende, aber nicht das Ziel. Die Musik zeigt es uns: Der Weg ist das Ziel. Hat da aber nicht einer vor zweitausend Jahren gesagt: »Ich bin der Weg, die Wahrheit und das Leben ...« Könnte man das Wort von Jesus so verstehen: Es gibt eine Erlösung unterwegs?

Eine sichere Lösung des Rätsels gibt es nicht. Ganz ohne Ziel verliert der Weg seinen Sinn, aber das Ziel muß in die Gegenwart des Wegs hineinleuchten, es muß ein Teil der Gegenwart sein, sonst wird der Weg unerträglich.

Stimmt es, was Kundera sagt: »Die Wege sind aus der menschlichen Seele verschwunden.« Ist das Auto Symbol einer Veränderung der menschlichen Seele? Wenn auch dieser Gedanke kein Resultat ist, sondern nur eine Überlegung unterwegs, dann dürfen wir noch etwas Hoffnung haben. Aber diese Hoffnung muß sich uns sofort erschließen, sie darf keine Projektion in die Zukunft sein. Schelling hat diesen Gedanken in einem absurden Satz ausgedrückt: »Die Ewigkeit ist gegenwärtig.«

Der wahre Held kämpft gegen eine Unordnung, die in dem
Augenblick neu entsteht, in dem sie beseitigt wird.

23. RUNDWEG

Wie wird man ein Eroberer?

Wegweiser: Ein Postbeamter gleicht einem Eroberer, wenn
beide das gleiche Bewußtsein haben... Die Niederlagen
eines Menschen verurteilen nicht die Verhältnisse, sondern
ihn selber.

ALBERT CAMUS (1913–1960)

Gibt es so etwas? Eine Strategie, die sich nicht auf
einen Gegner, sondern auf das eigene Ich bezieht? Man
weiß es ja: Viele sind sich selbst der ärgste Feind. Sie
kämpfen erfolglos gegen andere, weil sie im Kampf
gegen sich selbst immer wieder verlieren. Keiner wußte
das besser als Albert Camus, der zeit seines Lebens sich
mit der meist vergeblichen aber immer notwendigen
Auflehnung, mit der Revolte gegen das Absurde
beschäftigte. Sein Urbild: Sisyphos. Der zum absurden,
vergeblichen, immer wiederholten Steinwälzen ver-
dammte Held erscheint in stets wechselnder Gestalt in
den Werken von Camus. Nicht nur als Doktor Rieux
im Roman *Die Pest,* sondern, wie dieses Zitat aus seiner Schrift *Der Mythos von Sisyphos* belegt: auch als
Postbeamter.

177

Der Postler als Inbegriff des vergeblich bieder dahinvegetierenden Spießbürgers? Halt, so einfach ist das nicht. Er wird zum Eroberer durch sein Bewußtsein, durch die Art, wie er bewußt mit sich und seinen Mitmenschen umgeht, durch das, was er dabei empfindet. Der Eroberer ist das Gegenteil des müden, resignierenden Bürgers. Er ist jemand, der nicht nur kämpft, sondern auch siegt. Das klingt fast unangenehm militärisch. Aber Camus war ganz bestimmt kein Militarist. Es geht hier aber auch nicht um Siege im Kampf um Posten und Geld oder Firmenwachstum und Umsätze.

Der Eroberer bei Camus kämpft weder um irdisches noch um himmlisches Terrain. So gesehen, erobert er überhaupt nichts. Aber man ist, je nach Temperament, trotzdem Eroberer oder Verlierer. Der Eroberer ist ein Menschentyp, und der Verlierer ist einer. Wo ist nun das Gebiet, um das hier Kämpfe stattfinden? Camus gibt immer wieder in anderer Gestalt eine Erklärung dafür ab. Es geht um die Revolte, eine Auflehnung, die normalerweise ohne Pistolen und ohne Molotowcocktails stattfinden kann. Wenn er sehr frei nach Descartes sagt: »Ich empöre mich, also bin ich«, dann heißt das, daß man nicht alles hinnehmen darf, was einen stört, beengt, unterdrückt.

Was bleibt? Es ist der absurde Kampf gegen die Zwänge des Daseins. Einen Stein jeden Tag den Berg hinaufzuwälzen, von dem man weiß, daß er, wenn er endlich oben ist, den Berg wieder hinunterrollen wird, das ist das mythische Urbild unseres Daseins. Wir alle sind Sisyphosse.

Bis hierher wäre das alles keiner Erwähnung wert. Man weiß das ja. Am besten wissen es die Hausfrauen,

die, ganz allgemein gesehen, ununterbrochen gegen
eine Unordnung kämpfen, die im selben Augenblick
neu entsteht, in dem sie beseitigt wird. Sisyphos ist
einer, der geht, ohne eine Strecke zurückzulegen. Wo
bleibt nun Raum für Eroberungen? Camus' Eroberer
ist ein Mensch, der kämpft und weiß, daß er nichts
erobern kann. Aber: Seine Eroberung ist der Sieg gegen
die Resignation. Sein Held Sisyphos fängt wieder an,
obwohl er im Ergebnis nichts bewegt. Dies ist der
glückliche, der erfolgreiche Held. Hier ist das Kampf-
gelände für alle, also auch für scheinbar harmlose
Spießer. Wer so kämpft, ist Eroberer. Er erobert und
besiegt nicht nur die Pest in der nordafrikanischen
Stadt Oran, die immer wieder neu ausbrechen kann,
sondern er erobert und besiegt auch die krankmachende Trägheit in sich selbst. Aber nie bleibt die Eroberung
eine vollendete Tat, sondern sie ist ein Sieg, der jeden
Tag zu einer erneuten Niederlage führen kann. Ein
Sieg, der nie vorhält.
Wenn die Kette der täglichen Siege abreißt, dann ist das
so, als wenn man noch nie gesiegt hätte. Die überwun-
dene Krankheit ist keine Garantie für ewige Gesund-
heit. So gesehen, gibt es nie einen endgültigen Sieg.
Weder über die Pest als »die« Krankheit, noch über
sich selbst.
Das Besondere an Camus' Strategie ist ihr Verhältnis
zur Umwelt. Wer Wirtschaftsnachrichten liest, erfährt
immer wieder, woran Unternehmen zugrunde gegangen sind. Mal ist es der Dollarwechselkurs, mal die
Konkurrenz, mal sind es erhöhte Preise für Kapital,
Rohstoffe, Arbeitskräfte und so weiter. Immer ist
irgendwer von den bösen anderen schuld. Schuld ist

die arge Umwelt. Die Gesellschaft ist schuld, wenn ein junger Mensch säuft oder klaut oder beides miteinander verbindet. Die Existentialisten im weitesten Sinne (was immer man darunter verstehen kann, und wenn man Camus dazu zählt, dann eben auch er) sehen den Menschen als Einzelkämpfer, als den unmittelbar mit Gott, der Welt und sich um seine Existenz ringenden Menschen. Wenn er siegt, dann ist er es selbst, und wenn er verliert, wer denn sonst? Wer nicht mit den gesellschaftlichen Bedingungen kämpft oder gegen sie revoltiert, ist ein Verlierer. Nur darf man Camus in einem nicht mißverstehen. Seine Revolte setzt normalerweise nicht die Zerstörung der Verhältnisse voraus. Ein solcher Sieg gelingt doch nie. Seine Folgen wären auch zu billig, denn das Böse wächst ja nach. Nicht: Macht kaputt, was euch kaputtmacht. Sondern: Man muß ein Mensch sein, auch wenn die Welt einen kaputtzumachen droht.

Wenn also die böse Gesellschaft als Ausrede für Niederlagen versagt, dann wird es für den einzelnen recht unangenehm, einen anderen zu finden, der dafür verantwortlich ist, wenn man sein Leben verpfuscht hat. Nicht einmal die falsche Erziehung kann da noch herhalten.

Der Sieger vom Typ des Sisyphos ist das Gegenteil des Terroristen. Er kämpft auch nicht mit Schuldzuweisungsstrategien, sondern mit Einsichten, die er selber hat. Er macht weiter. Camus sagt daher: »Die Eroberer wissen, daß die Tat an sich nutzlos ist. Es gibt nur eine nützliche Tat: die den Menschen und die Erde verbessert. Ich werde nie den Menschen verbessern. Aber man muß so tun als ob.« Der Weg zu einem Eroberer, der also auch dem kleinen Durchschnittsmenschen offensteht, ist dieser: Man muß nützliche Taten wagen, von denen man weiß, daß sie scheinbar nichts nützen.

Über Wert und Unwert einer Statistik könnte man sich schon bei Aristoteles informieren. Man tut es lieber nicht, weil sonst einige wissenschaftliche Institute überflüssig würden.

24. RUNDWEG

Tugend als die Kunst, ins Schwarze zu treffen

Wegweiser: In den Untersuchungen über das Handeln sind die Allgemeinheiten zwar umfassender, die Einzelheiten aber wahrer.

ARISTOTELES (384–322 V. CHR.)

Wer diesen Satz liest, muß fast den Eindruck haben, der alte Aristoteles sei den Ergebnissen der modernen Psychologie konfrontiert gewesen. Da gibt es doch eine Unzahl akademischer Psychologen, die so tun, als sei nur das über den Menschen aussagbar, was sich als statistisch erfaßbarer Wert darbietet. In Instituten wird die » Direktivität« von Managern »gemessen« und in Kurven ausgedrückt. Hochdotierte Professoren sind sich nicht zu gut, um mathematische Funktionen der »Interaktionsdominanz« zu entwickeln und nachher so zu tun, als ob ihr Forschungsergebnis etwas mit Wahrheit zu tun und womöglich sogar noch irgendeinen praktischen Nutzen hätte. Der Mittelwert in der Statistik braucht in keinem einzelnen Fall der Wahrheit zu entsprechen. Wenn man erfährt, zehn Menschen verdienten im Durchschnitt zehntausend Mark im Monat, so kann das bedeuten, daß einer hunderttausend Mark verdient und die anderen gar nichts. Selbst wenn andere Statistiken nicht so extrem neben der Wirklichkeit liegen wie dieses Beispiel, im Prinzip neigen sie dazu.

Natürlich braucht man »umfassende Allgemeindaten« zum Beispiel in Form von interessanten Statistiken, denn wenn man nicht mit ihnen arbeiten könnte, brauchte man weniger Computer, weniger Papier, und das wäre schädlich für den Arbeitsmarkt. Und dann will man doch schließlich wissen, wie man in bezug auf den Durchschnitt steht, ob man zum Beispiel mehr oder weniger Bier konsumiert als dieser.

Zurück zu Aristoteles. Er mußte das Problem damals schon ähnlich gesehen haben. Er dachte über das richtige Handeln nach, er nannte es Tugend. Das deutsche Wort »Tugend« klingt heute etwas vergilbt. Vom eigentlichen Sinn her sieht man das sicher anders, wenn man weiß, daß das Wort Tugend sprachverwandt ist mit »taugen« und »tüchtig«. Mit Aristoteles könnte man sagen: Der tugendhafte Mensch ist tauglich und tüchtig. Er drückte sich allgemein aus: »Die lobenswerten Verhaltensweisen nennen wir Tugenden.« Er meinte auch zu wissen, wie man solche Eigenschaften erwirbt: »Die Tugenden entstehen in uns weder von Natur noch gegen die Natur. Wir sind vielmehr von Natur dazu gebildet, sie aufzunehmen, aber vollendet werden sie durch Gewöhnung.«

Gewöhnung, oder man könnte auch sagen Übung, ist die Voraussetzung für das »lobenswerte Verhalten«. In dieser Aussage steckt mehr, als man zunächst vermuten würde. Sie bedeutet, daß weder Wissenschaft noch allgemeine Empfehlungen weiterhelfen, sondern »die Handelnden selbst müssen die jeweilige Lage überdenken«. Mit anderen Worten: Tugend muß in einem langen Prozeß unter erfahrenen Lehrern geübt werden, aber es gibt keine allgemeingültigen Rezepte, die man bei Bedarf anwenden kann. »Dies sei von vornherein festgestellt, daß jede Untersuchung über das Handeln im Umriß und nicht mit mathematischer Genauigkeit geführt werden darf.« Sie haben richtig gelesen! Der Satz stammt tatsächlich von Aristoteles und nicht von einem unserer Zeitgenossen, der nach Lektüre von zweihundertundsiebzehn empirischen Untersuchungen über »Interaktionsdominanz«, »Kommunikationsinterdependenz« und anderen Belanglosigkeiten fragt: Was soll's?

Aristoteles weiß nämlich auch, wie man zum richtigen Handeln kommt. Zunächst: Man muß dazu erzogen werden, das heißt, der Mensch braucht Anleitung von erfahrenen Lehrern und Vorbildern. Tugenden müssen eingeübt werden. Dies geschieht aber mit und anhand der Praxis: »Ohne zu handeln, dürfte wohl keiner jemals tugendhaft werden. Die Leute freilich handeln nicht so, sondern sie meinen zu philosophieren und tüchtig zu werden, indem sie sich in die Theorie flüchten …«

Statt der Flucht in die Theorie empfahl der Schüler Platons kurz und bündig: »Was wir durch Lernen zu tun fähig werden sollen, das lernen wir eben, indem wir es tun: Durch Bauen werden wir Baumeister und durch Kitharaspielen Kitharisten.« Aber so einfach ist das nicht. Es geht nicht ohne Lehrer. »Durch das Kithara-

spielen entstehen die guten wie die schlechten Kitharisten, ebenso die Baumeister und alle übrigen. Denn wenn sie gut bauen, werden sie gute Baumeister, wenn schlecht, dann schlechte. Wenn es sich nämlich nicht so verhielte, dann bedürfte man gar keiner Lehrer, sondern alle würden von Natur gut oder schlecht.«
Der gute Lehrer sorgt für die richtige Gewöhnung, seine Theorien kann er für sich behalten. »Die Eigenschaften entstehen aus den entsprechenden Tätigkeiten«, oder noch kürzer: Wir werden gut, indem wir gut handeln.
Wenn wir nun erfahren, wie man sich Tugenden und liebenswürdige Eigenschaften erwirbt, so wissen wir noch nicht, worin sie eigentlich bestehen. Auch hier ist Aristoteles wieder sehr einfach. Tugend liegt nie im Extrem. »Die Tugend ist ein Verhalten der Entscheidung, begründet in der Mitte im Bezug auf uns, einer Mitte, die durch Vernunft bestimmt wird und danach, wie sie der Verständige bestimmen würde.« Es geht also darum, zwischen den Extremen nicht einfach die mathematische Mitte zu treffen, sondern die Mitte in bezug auf uns. In diesem Zusammenhang steht auch der obenzitierte Satz, wonach die Wahrheit nicht im Allgemeinen, sondern im Einzelnen zu finden ist. Die Aristotelische »Mitte« ist also nie eine statistische Mitte, sondern eine subjektive Mitte, die nur der findet und trifft, der dies als Kunst beherrscht. »Leicht ist es, das Ziel zu verfehlen, schwierig aber, es zu treffen.« Überall rings um die richtige Entscheidung lauern die falschen Entscheidungen. Allerdings soll man, wenn man seiner Sache sicher ist, nicht zuviel auf das Gerede der Leute geben, denn »der Großzügige ist gegenüber dem Klein-

lichen verschwenderisch, gegenüber dem Verschwender kleinlich«. Also nicht der handelt richtig, der es allen Leuten recht machen will, sondern der, der seine Treffsicherheit an sich selbst erfahren kann.

Daß dieses System die richtige Entscheidung nicht garantiert, das weiß auch Aristoteles selbst. Weil es mühselig sei, die richtige Mitte zu treffen, solle man »in zweitbester Fahrt« das geringste Übel wählen. Aber auch hierbei verrät er einen Trick. Man soll die Mitte gewissermaßen einkreisen. Wer zum Beispiel wissen will, welche Ausgabe, welcher Aufwand und so weiter für ihn richtig ist, der soll »zuweilen auf das Übermaß, zuweilen auf den Mangel hin abbiegen«, also lieber gelegentlich etwas zuviel und gelegentlich etwas zuwenig. Auf diese Weise bringt man am ehesten das richtige Maß heraus.

Die hier zitierten Sätze von Aristoteles stammen aus seinem Buch *Die Nikomachische Ethik*. Wer das Buch ganz liest, wird allerdings bald bemerken, daß der gute Aristoteles vielleicht selbst nicht überall das richtige Maß getroffen hat. Denn seine weiteren Ausführungen über die einzelnen Tugenden sind für heutige Verhältnisse etwas lang geraten. Das soll aber der zeitlosen Gültigkeit seines »Systems« des lobenswerten Verhaltens keinen Abbruch tun.

Eines sei hier offen bekannt: Die aristotelische Tugendlehre ist auch gefährlich. Würde man sie nämlich beherzigen, dann müßten einige Forschungsinstitute geschlossen werden. Vielleicht käme man dann dahinter, daß es keinen vollwertigen Ersatz gibt für eine Aus- und Fortbildung durch erfahrene Praktiker, die zugleich Vorbild sein können.

Auf den inneren Kompaß darf man sich verlassen, aber es ist nicht leicht herauszubringen, wie man mit ihm arbeiten kann.

25. RUNDWEG

Sich einfach treiben lassen?

Wegweiser: »*Solte einer an eine stat gan und gedehte, wie er den ersten fuoz saste, da enwürde niht uz. Dar umbe sol man dem ersten volgen und gan also für sich hin, so kumt man dahin, dar man sol, und dem ist reht.*« *(Übersetzung: Kommt einer in eine Stadt und überlegt sich, wie er seine Schritte lenkt, da würde nichts draus. Man soll darum dem ersten Schritt folgen und einfach vor sich hingehen. Dann kommt man dahin, wohin man soll und das ist recht so.)*

MEISTER ECKHART (ETWA 1260–1327)

Eckhart war weder Ingenieur noch Programmierer, er hatte auch kein Unternehmen zu leiten. Er war Professor, Magister (Meister) der Theologie und für kaum mehr verantwortlich als für das Seelenheil seiner Zuhörer in Europa, vor allem aber in Deutschland, wo seine auf mittelhochdeutsch gehaltenen Predigten nachgeschrieben wurden. Aber wie ist sein Plädoyer für das »Sich-einfach-treiben-lassen« zu verstehen? Soll das heißen, wir könnten auf jedes Konzept im Leben verzichten? Genügt es, wenn wir gedankenlos einem Schritt nach dem anderen folgen, ohne je zu überlegen, wo wir ankommen? Gilt das für die Kunst des Lebens ebenso wie für die bildende Kunst?

»Wan wolte ein maler aller striche gedenken an dem ersten striche, den er strichet, da enwürde niht uz.« Man soll also sein Bild nicht planen, sondern einfach drauflosmalen, dann wird es ein gutes Bild. Das Innenleben soll man zum äußeren Leben machen. Und dann, so Eckhart, kommt man dahin, wohin man soll. Das sei, so meint er, der rechte Weg.

Man stelle sich diese provozierende Lebensphilosophie in heutiger Zeit vor. Wir wären alle Chaoten. Ein paar Außenseitern billigt man diesen Lebenswandel vielleicht noch zu, aber man wundert sich nicht, wenn sie dann als Penner unter der Brücke landen. Nein und noch mal nein! Wir planen unseren Weg aus dem Chaos in die verheißungsvolle Ordnung. Wir konstruieren unsere Brücken, Hochhäuser, Großunternehmen und Lebensinhalte notfalls mit Hilfe der elektronischen Datenverarbeitung. Aber kommen wir »dahin, dar man sol«? Diese Frage steht außerhalb unserer Programme. Denn gerade das ist es, was wir nicht so recht wissen. Ist unser Lebensziel der wohlversorgte Ruhestand im Einfamilienhaus mit eingebauter Garage? Ist es unser Lebensziel, aktiv am Florieren eines Großunternehmens mitgewirkt zu haben? Oder was sonst? Hier streiken die Computer. Fragen wir anders: Wohin kommt man denn, wenn man sich treiben läßt? Vermutlich nicht zum geordneten Wohlstand.

Aber so einfach ist ja Eckharts Treibenlassen auch nicht zu sehen. Um seine These zu verstehen, müssen wir unsere Denkgewohnheiten aus dem zwanzigsten

Jahrhundert vorübergehend beiseite lassen. Eckhart, der in der Zeit lebte, als in Europa die gotischen Kathedralen gebaut wurden, war Mystiker. Das ist jemand, der viel an Gott denkt und dabei besondere Erfahrungen macht. Er kann sich auf das Weltganze einschwingen. Aber auch ohne solche Fähigkeiten gibt es Lenkungen, die außerhalb der rationalen Entscheidung liegen. Karl Jaspers hätte gesagt: Man kann sich »getragen von Transzendenz« fühlen. Noch freier gedacht: Wer dem inneren Kompaß folgt, kommt auch ans Ziel. Der innere Kompaß, wer oder was ist das? Wer steuert unser Unbewußtes, unsere Intuition? Darauf gibt es unzählige Antworten, aber nicht *eine* Antwort, über die sich die Menschheit einig werden könnte. Verzichten wir auf diese Antwort, wir wissen sie doch nicht. Wir wissen nur eines: Unser vordergründig nachvollziehbares Denken, unser Verstand ist nicht das, was uns innerlich lenkt. Es ist etwas anderes.

Ist dann alles so leicht? Genügt es einfach, den Verstand auszuschalten und das zu tun, was einen das innere Gefühl zu tun heißt? Dies zu bejahen wäre eine gefährliche Antwort. Sie würde uns vielleicht doch irgendwann unter einer Brücke landen lassen. Eckharts Intuition funktionierte vermutlich nur dank der Tatsache, daß er täglich meditierte, über Gott und die Welt und seine Verantwortung ihnen gegenüber nachdachte. Das Sich-Aufgeben, das Einschwingen in den »Seinsgrund« zeigte ihm den Weg, den er dann nicht mehr planen mußte. Er trainierte gewissermaßen seine innere, nicht wörtlich vernehmbare Stimme so sehr, daß er seinen Weg traumwandlerisch wußte und fand. Der große Künstler kann das, der Lebensmeister wohl auch. Aber wir armen modernen Menschen mit unseren Problemen, können wir das, oder müssen wir ins Mittelalter zurück, um ohne nachzudenken alle Ziele zu erreichen?

Wer heutzutage dieser Frage nachgehen möchte, dem bieten sich Hunderte von teilweise kommerziellen Patentrezepten, von Askese bis Zen. Ein Einheitsrezept scheint es nicht zu geben. Aber eines läßt sich vielleicht sagen: Eine Intuition, der man vertrauen kann, daß sie einen auf den rechten Weg führt, gibt es weder im Supermarkt zu kaufen noch auf Wochenendseminaren. Sie ist das Ergebnis von schöpferischer Gelassenheit, von wenigstens zeitweiser Einsamkeit (beispielsweise vierzig Tage Wüste), von unbeeinflußter Aufmerksamkeit, vielleicht auch von Selbstlosigkeit. Wer oder was einem dazu verhilft, muß jeder selbst herausbringen. Gäbe es einen *vorgeschriebenen* Weg, dann wäre dieser zumindest nicht der Weg der Intuition.

Der Weg der Intuition ist, wie man schon aus manchen Märchen weiß, nicht einfach der bequeme Weg. Oft scheint er steinig und schwer auffindbar zu sein. Aber wer ihn hat, der kann einen Fuß vor den anderen setzen und »kumt dahin, dar man sol«.

Wollte man jetzt mit modernen Überlegungen den Unterschied zwischen geplanten und intuitiven Entscheidungen herausfinden, dann könnte man dies vielleicht so darstellen: Eine geplante Entscheidung enthält als Einflußgrößen nur das, was wir bewußt aus unserem Wissens- und Erfahrungsschatz beisteuern, was wir als Programm kennen und an Daten verwenden können. Die intuitive Entscheidung dagegen kann im Prinzip unendlich viele Einflußgrößen, nämlich das

Ganze, das analytisch Unaufteilbare, miteinbeziehen. Damit ist keineswegs gesagt, daß die intuitive Entscheidung besser sein muß. Wer bietet uns denn die Gewähr, daß wir wirklich ganzheitlich erkennen können? Hier liegt eine unüberwindliche Schwierigkeit. Es gibt kein Maß, an dem unser Innenleben sich messen läßt, und daran soll man auch nichts ändern. Was wir ändern können, ist aber vielleicht unser Gespür für Zusammenhänge, die umfassender sind als das, was wir mit dem Verstand nachvollziehen können.

Läuft die Welt nach einem ein für allemal festgelegten Programm ab, dann brauchen wir uns auf unsere Freiheit nichts einzubilden. Aber die Sache hat einen Haken.

26. RUNDWEG

Der Mensch an der Ursachenkette

Wegweiser: *Die Menschen glauben nur aus dem Grunde, sie wären frei, weil sie ihrer Handlungen sich bewußt, der Ursachen aber, von welchen sie bestimmt werden, unkundig sind.*

BENTO DE SPINOZA (1632–1677)

Unsere Willensfreiheit, mit der wir täglich ein- und ausgehen, die wir dazu benötigen, uns für rechtschaffene Menschen, andere dagegen für verwerflich handelnde Bösewichte zu halten, die soll auf einem Irrtum beruhen? Das darf doch nicht wahr sein! So viel sei gleich jetzt schon gesagt: Dieses philosophische Grundproblem ist nicht lösbar. Haben wir einen freien Willen, dann sind wir auch selbst verantwortlich für alles, was wir anstellen, und Gott ist dem menschlichen Fug und Unfug mehr oder weniger hilflos ausgeliefert oder allenfalls auf die Rolle des Chefs beschränkt, der wichtige Befugnisse an seine Mitarbeiter delegiert hat und nun sehen muß, wie er mit seiner Direktionsbefugnis die Welt einigermaßen in Ordnung halten kann.

Er bringt dann gelegentlich eine Sintflut, zeigt in Babylon, wohin ehrgeizige und unfinanzierbare Hochhausprojekte führen, publiziert via Moses die Zehn Gebote, schickt Kriege, Erdbeben, Flutkatastrophen, Aids und anderes Unheil.

Haben wir Menschen andererseits keinen freien Willen und ist alles vorherbestimmt, dann ist die Welt nur ein großes Puppentheater. Wir wären dann auch für nichts verantwortlich. Wer darf uns denn bestrafen für etwas, das wir gewissermaßen unter dem Zwang ewiger Abläufe verursachen? Was kann ein harmloser Computer dafür, wenn man ihn mit einer virusinfizierten Diskette füttert? Wie gesagt, weder Juristen noch Theologen und Philosophen haben dieses Hauptproblem der Ethik bis jetzt gelöst, und sie werden es auch in Zukunft nicht können.

Obwohl wir, soweit wir irgendeiner staatstragenden Schicht angehören dürfen, darauf angewiesen sind, großes Vertrauen in Naturwissenschaft und Technik zu haben, müssen wir sorgenvoll vermuten, daß auch von dort keine Lösung des Problems kommen wird. Auch die teuersten Computer werden uns diese Antwort nicht auf den Bildschirm werfen. Manchen mag dies als tröstlich erscheinen.

Vor über dreihundert Jahren lebte in den Niederlanden ein aus portugiesisch-jüdischer Familie stammender armer, dazu noch schwindsüchtiger Brillenschleifer namens Benedictus (Bento) de Spinoza. Sein ursprünglicher hebräischer Vorname war Baruch, aber mit diesem Namen ließ er sich spätestens seit seinem vierundzwanzigsten Jahr nicht mehr nennen, damals traf ihn nämlich der Bannfluch der jüdischen

Gemeinde. Er wurde aus ihr in aller Form ausgestoßen. Was war der Grund? Der hitzköpfige Baruch hatte standhaft behauptet, es gebe keinen persönlichen, auf das menschliche Verhalten reagierenden Gott, keinen Hüter Israels und somit auch keinen guten Hirten. Spinoza traf mit dieser Behauptung die Grundlage der Religion, in der er erzogen worden war. Der Bannfluch enthielt unter anderem diesen Satz: »Nimmer möge der Herr ihm vergeben und fortan der Zorn des Herrn und der Eifer Gottes über diesen Menschen kommen ...« Das klingt in modernen Ohren recht unangenehm. Aber verglichen mit den Folterungen und Scheiterhaufen der »christlichen« Inquisition ist solch eine Verstoßung geradezu human. Immerhin konnte Spinoza in Holland bleiben.

Die Hoffnung, die man heute auf die alleskönnenden Computer und ihre leider nicht alleskönnenden Programmierer setzt, gab es vor dreihundert Jahren zwar noch nicht, aber man hatte damals schon die Mathematik. Es war das Zeitalter von Newton und Leibniz. Spinoza wollte ihnen auf seinem Gebiet nicht nachstehen, und deshalb gab er seinem Hauptwerk, der *Ethik,* den Untertitel »in geometrischer Weise dargestellt«. Spinoza meinte, da sich alles auf Ursache und Wirkung zurückführen lasse, müsse auch die Ethik in ein geometrisches System passen, aus dem alles mit zwingender Notwendigkeit gefolgert werden könne. Zunächst beginnt er mit einigen Definitionen, die bei ihm die Bedeutung von nicht weiter zu beweisenden Grundannahmen (Axiomen) haben. Auf diese selbstgefertigten Axiome baut er sein ganzes System. Bei Spinoza ist dann Gott also nicht mehr der »allmächtige Vater«, sondern »das absolute unendliche Sein, das heißt, die Substanz, die aus unendlich vielen Attributen besteht, deren jedes ewige und unendliche Wesenheit ausdrückt«. Mit solchen Abstraktionen kann man zunächst gar nichts anfangen. Spinoza schafft es aber, aus derartigen Definitionen seine ganze Ethik abzuleiten. Sie liest sich wie ein Mathematikbuch, wenn auch ohne Zahlen und Formeln.

Kurz gesagt: Gott und die Substanz der Welt und also auch die Natur sind identisch. Da sie vollkommen sind, gibt es auch kein Übel in der Welt. Gott kann sich schließlich weder korrigieren noch selbst übertreffen, sonst wäre er ja nicht vollkommen. Er ist deshalb auch ein für allemal die Ursache all dessen, was ist und was geschieht. »Der Geist erkennt, daß alle Dinge notwendig sind und durch die endlose Verknüpfung der Ursachen zum Dasein und zur Wirkung bestimmt werden.« Die Welt kann folglich gar nicht anders sein, als sie ist, weil sonst Gott nicht mit sich selbst identisch wäre. Wo aber alles aus einer zwingenden Ursachenkette folgt, gibt es weder Zufall noch freien Willen. Wenn der Mensch etwas anderes empfindet, dann rührt das, nach Spinoza, nur von seiner unvollkommenen Erkenntnis her. Wer aber schließlich zur vollkommenen Erkenntnis gelangt, der wird auch gewahr, daß er selbst ein Teil Gottes ist und wie Er alles so haben will, wie es ist. So gesehen gibt es nichts Böses auf der Welt. Woher sollte es auch kommen? Was wir als böse empfinden, ist ebenso wie das, was wir für gut halten, ein Teil der natürlichen, unabänderlichen Allsubstanz.

Hatte Thomas Hobbes in seinem 1651 erschienenen Buch *Leviathan* gemeint, unter den Menschen werde einer des andern Feind, woraus der Spruch »homo homini lupus« hergeleitet wird (der Mensch ist dem Menschen ein Wolf), so sagte Spinoza: »Der Mensch ist des Menschen Gott.«

Im Gegensatz zu Spinoza, der seine ethische Geometrie selbstbewußt vorgetragen hatte, wissen wir heute, daß sich mit ihr nichts beweisen läßt. Wir wissen auch, daß uns ein so statisch dargestelltes System im Alltag nicht weiterhilft. Immerhin können wir Spinozas Aussagen auch heute noch ernst nehmen. Selbst wenn wir einen freien Willen haben sollten, ist er sicher nicht so frei, wie wir oft meinen. Aus welchen Ursachen handeln wir? Haben wir in unseren täglichen Entscheidungen immer unser gesamtes Handlungsprogramm vor uns liegen? Sind wir uns unserer geheimen Wünsche, unserer psychischen Anpassung, unserer Träume, unserer Vorurteile, unserer längst vergessenen oder verdrängten Erlebnisse, unserer mehr oder weniger »zufällig« empfangenen Informationen bewußt? Wir halten uns normalerweise für viel rationaler, als wir sind. Am schlimmsten ist es, wenn wir uns irgendwelchen Programmen anvertrauen, in die, und sei es unbewußt, die Vorurteile und der Eigensinn anderer eingeflossen sind.
Denn es wäre doch viel zu einfach, wenn wir uns darauf verlassen könnten, alles, was die Maschine hervorbringt, sei nichts anderes als ihre durchschaubare Technik. Wir können zwar letztlich herausbringen, wer den Computer programmiert hat, und deshalb

behaupten, er selbst sei nicht frei. Aber wer programmiert uns? Spinoza wußte eine Antwort. Gibt es andere Antworten? Zwei weitere Versuche, dieses Urproblem zu lösen, sollen hier noch gezeigt werden. Haben wir unsere Schuld von den Ureltern übernommen (Rundweg 27)? Oder haften wir dafür, daß wir so sein sollen, wie wir sind (Rundweg 28)?

*Ein charakterschwacher Mann und eine von ihm unzurei-
chend informierte Frau – die Folgen tragen wir noch heute.*

27. RUNDWEG

Die Philosophie des Sündenfalls

*Wegweiser: Du darfst essen von allen Bäumen im Garten,
aber von dem Baum der Erkenntnis des Guten und Bösen
sollst du nicht essen; denn an dem Tage, da du von ihm
issest, mußt du des Todes sterben.*

1. BUCH MOSE (GENESIS) 2; 16, 17

Als Adam seinerzeit dieses einzige göttliche Gebot
erhielt, war er noch Junggeselle. Eva wurde erst an-
schließend aus dem schlafenden Adam herausgezogen.
Adam allein im Paradies hatte zunächst also noch eine
fast völlige Freiheit. Weder Gott noch Eva konnten ihm
da etwas dreinreden. Denn die zehn Gebote kamen ja
erst viel später in einer eher historischen als mythologischen Zeit. Wozu damals schon Gebote? Wem sollte
der Single etwas stehlen? Vom Ehebruch war ganz zu
schweigen, es gab ja noch keine einzige Frau. Ist es da
nicht ein menschenverachtendes, eifersüchtiges Gesetz,
das die Frage nach Gut und Böse, eine Urfrage nicht nur
der Ethik, sondern der gesamten Philosophie, von vornherein unter Todesstrafe stellte?

Wenn wir diesen zweiten biblischen Schöpfungsbericht trotz seinem Alter und seiner mythologischen Erzählweise als einen ersten Höhepunkt der Philosophie der Menschheit ansehen wollen, dann sollten wir auch heute noch bereit sein, die Weisheit und die geradezu brisante Aktualität dieser Geschichte aufzuspüren. Der Mensch darf die Welt genießen, nicht aber über sie urteilen. Er soll sich an Gottes Schöpfung freuen, sie aber nicht kritisch bewerten. Er soll sich so naiv in der Welt bewegen wie das Tier. Der Mensch im paradiesischen Urzustand kennt also weder Unzufriedenheit noch Sorge, Not und Elend, weil schon das Empfinden solcher Zustände die Schöpfung als etwas Unvollkommenes erscheinen ließe. So gesehen, wäre schon der Satz: »Heute ist schlechtes Wetter« eine Todsünde, denn der Schöpfer hat die Welt so gemacht, wie sie ist, und da gehört *jedes* Wetter zu seinem Plan. Das Paradies ist der Ort der Sorg- und Kritiklosigkeit.

Daß die Sache damals schiefging, ist bekannt. Aber da gibt es interessante Einzelheiten, die viel zu wenig beachtet werden und die uns zeigen, was so ein uralter Bericht auch uns Heutigen noch zu geben vermag. Nachdem der Herr dem Adam wohlweislich also jede Kritik verboten hatte, schuf er erst die Eva. Bald kam dann die Schlange daher, und zwar zunächst noch auf mindestens vier Beinen. Warum fiel Eva auf sie herein? Hier tritt ein fast unerkannter Skandal zutage. Eva argumentierte zunächst so: »Wir essen von den Früchten der Bäume im Garten; aber von den Früchten des Baumes mitten im Garten hat Gott gesagt: Esset nicht davon, rührt's auch nicht an, daß ihr nicht sterbet.« Hier liegt der Haken. Adam hatte das göttliche Gebot der Eva offensichtlich nur unvollkommen weitergegeben. Er hat wohl nur gesagt, daß diese Früchte giftig seien, nichts aber vom Baum der Erkenntnis. Vielleicht hat er sich gedacht, wozu soll ich ihr das erklären, wenn sie etwas wissen will, soll sie gefälligst zunächst mich fragen.

Als die Schlange zu der unzureichend informierten Eva kam, hatte sie natürlich leichtes Spiel. Sie sagte nämlich fast die Wahrheit: »Wenn ihr davon eßt, werdet ihr sein wie Gott und wissen, was Gut und Böse ist.« Auf dieses Argument war Eva nicht vorbereitet. Na, wenn das so ist, wird sie sich gedacht haben, dann kann man sich ja auf das Abenteuer der Erkenntnis einlassen.

Das Abenteuer der Erkenntnis endete damals, trotz anderer Androhung, nicht tödlich. Warum? Hat der Herr eingesehen, daß sein Verbot doch etwas zu autoritär war, und ließ er sich milde stimmen, weil er sah, daß zumindest Eva nicht das rechte Schuldbewußtsein haben konnte?

Adam, dem der Hauptvorwurf gemacht wurde, spielte bei dieser Geschichte eine höchst zweifelhafte Rolle. Die Initiative für seine »Rebellion« ging nicht von ihm aus, dafür war er wohl zu feige. Noch schlimmer: Er aß von der Frucht erst, als Eva schon gegessen hatte. Er, der das Verbot zuerst kannte, wußte, daß Eva nicht sogleich tot umgefallen war. Er brauchte also sein Leben nicht einmal zu riskieren. Beim Verhör steht er dann nicht zu seinem Verhalten. Das zeigt sich an seiner fadenscheinigen Ausrede: »Das Weib, das du mir zugesellt hast, gab mir ...« Er verpetzt Eva und schiebt die Schuld auf Gott, weil der sie erschaffen hat. Zu diesem kläglichen Verhalten paßt es natürlich, daß er wegen seiner unvollkommenen Aufklärung über die Bedeutung des Baums eigentlich schuld an der ganzen, höchst peinlichen Geschichte war. Da stand also am Anfang der jüdischen Menschheitsgeschichte nicht ein gegen Zeus rebellierender Prometheus, sondern ein schwächlicher Charakter, keineswegs »mit Würd' und Hoheit angetan«, wie Joseph Haydn in *seiner* Schöpfung singen läßt. Man kann den Herrn gut verstehen, wenn er wegen dieses wohl nur grob fahrlässigen Verhaltens nicht die Todesstrafe verhängte. Oder war das, was Adam und Eva mit der Vertreibung aus dem Paradies erlitten haben, eventuell doch eine Todesstrafe?

Man kann die Vertreibung aus dem Paradies der Unschuld und Sorglosigkeit als einen Tod ansehen. Der unschuldige Mensch stirbt in dem Augenblick, in dem er zum neuen, unabhängigen, urteilenden und nach Erkenntnis suchenden sündigen Menschen geboren wird. Die Geschichte der Menschheit beginnt also erst mit dem Sündenfall. Was vorher war, ist nicht der Rede und Schreibe wert. Von diesem mythologischen Ereignis an lohnt es sich, die Abenteuer eines Volkes zu notieren. Es beginnt die Geschichte der Menschen, die mit Gott und der Welt ringen. Diese Menschen erleiden Not, Schmerzen, Furcht und Hoffnung. Sie fragen nach Sinn, nach Gut und Böse, und sie richten über sich und Gott. Sie beten ihn nicht nur unterwürfig an, sie fordern ihn heraus, verfluchen ihn und suchen immer wieder, sich von seiner Übermacht zu lösen, so lange, bis sie in ihrer inneren und äußern Not reumütig zu ihm zurückkehren. Und was steht gleich hinter diesem unrühmlichen Beginn der Menschheitsgeschichte? Kains Brudermord.

Wir können uns heute fragen, wie kommt ein Volk zu einer solchen Geschichte, die mit der Urfrage aller Philosophie beginnt und diese in eine nur allzu menschliche, im wahrsten Sinne des Wortes urmenschliche Form bringt? Genaues wissen wir nicht. Folgende Entstehung ist möglich: Es gab im Volk Israel wie ja auch in anderen Kulturvölkern verschiedene Schöpfungsmythen, die sich teilweise sogar ähnelten. Während der Zeit des Babylonischen Exils (etwa 586–536 v. Chr.) setzte sich ein priesterliches Redaktionsteam zusammen, um aus den uralten Überlieferungen einen verbindlichen Text zusammenzustellen. Dabei wurden ganz verschiedene Schichten nebeneinandergelegt. So kamen der Erste Schöpfungsbericht (»Am Anfang schuf Gott Himmel und Erde …«) und der Zweite Bericht, der mit der Geschichte von Adam und Eva beginnt und der vermutlich wesentlich älter als der erste ist, in ein gemeinsames Buch, nämlich die Genesis. Vielleicht stammt diese Geschichte schon aus dem zehnten Jahrhundert, aus der Zeit des Königs David.

Bei dieser »Redaktion« wurde aber schon streng zensiert. So geriet möglicherweise schon damals die böse Geschichte von Adams erster Frau Lilit, die ihn alsbald verlassen hat, um ihn aber später hinter dem Rücken Evas wieder zu verführen, ins unbiblische Abseits. Ein Mythos ist nicht die Erfindung eines Dichters, sondern er entsteht im Volk und wird von ihm getragen. Erstaunlich ist, daß trotz dieser damals sicher strengen Auswahl ein Mythos in die heiligen Schriften aufgenommen wurde, und zwar gleich an den Beginn, der so ein schlechtes Bild auf den »Urcharakter« des Menschen wirft. Das Volk Israel spiegelte sich selbstkritisch in einem tiefempfundenen Schicksal und nicht in einem kalten Epos aus der Halbgötterwelt. Seine Mythologie war zugleich auch seine Philosophie und Psychologie.

Mit dem Sündenfall ist das Problem für den Menschen nicht erledigt. Es beginnt mit ihm. Die Hauptfrage ist: Gibt es einen Weg zurück ins Paradies? Läßt sich dieser Weg durch einen Umkehrschluß konstruieren? Wenn der Mensch seinen glückseligen Urzustand durch sein selbstbewußtes Streben, über Gut und Böse der Schöpfung zu urteilen, verloren hat, dann könnte er ihn allenfalls dadurch zurückerlangen, daß er dieses Verhalten aufgibt. Wenn der Mensch auf seinen eigenen Macht- und Willensanspruch verzichtet, selbst Leiden geduldig und ohne jede Kritik erträgt und sogar sein Leben für nebensächlich hält, ist dann der Weg zurück ins Paradies frei? Die prominenteste Antwort auf diese seit zweitausend Jahren immer wieder gestellte Frage gibt der Apostel Paulus. Er meinte in seinem Brief an die Römer: »Denn gleichwie durch *eines* (nämlich Adams) Ungehorsam viele zu Sündern geworden sind, so werden auch durch *eines* (nämlich Christi) Gehorsam viele zu Gerechten.« Adams feige Rebellion sei demnach durch Christi mutige Selbstaufopferung wiedergutgemacht worden. Der Weg in seiner Nachfolge ist der Weg ins Paradies.

Wenn wir von dieser theologischen Deutung des Problems absehen, gibt es dann auch eine philosophische Lösung? Sie wurde immer wieder versucht. Ein Beispiel dafür ist Arthur Schopenhauer. Er, der ganz bestimmt alles andere als ein Frömmler war, bekannte zum Schluß des ersten Bandes seines philosophischen Hauptwerks *Die Welt als Wille und Vorstellung*:

»Wirklich ist die Lehre von der Erbsünde (Bejahung des Willens) und von der Erlösung (Verneinung des Willens) die große Wahrheit, welche den Kern des Christentums ausmacht.« Die darauf folgende Frage aber ist noch immer nicht beantwortet: Wie kommt unser Wille zustande, haften wir auch für etwas, das aus einem so tiefen Untergrund kommt, daß wir es nicht beherrschen können? Bis jetzt ist den Denkern die Arbeit an diesem Problem nicht ausgegangen.

Wie sieht es heute aus mit unseren modernen »Sündenfällen«? Gibt es noch einen Baum der Erkenntnis, von dem wir nicht ungestraft essen dürfen? Da wir, weiß Gott, nicht mehr im Paradies leben, ist in unseren Gärten der Originalbaum der Erkenntnis wohl nicht mehr aufzufinden. Aber es gibt vielleicht doch noch ein uns allen anhaftendes Streben, uns über die Natur zu erheben. Dazu ein Beispiel: Es gibt ein Forschen *in* der Natur und ein Forschen *gegen* die Natur. Es wäre zwar müßig, nach einer genauen Grenze zwischen diesen beiden Arten der Forschung zu suchen, aber dennoch gibt es hier Unterschiede. Das Forschen in der Natur setzt voraus, daß der Mensch selbst ein Teil von ihr ist, daß er sich ihr unterordnen muß. Sein Erkennen geht immer davon aus, daß er die Schöpfung, so wie sie ist, bejahen muß. Das Forschen gegen die Natur verleitet den Menschen dazu, sich über sie zu erheben, gegen sie herrschen zu wollen. So gesehen, werden Bäume der Erkenntnis heute nicht nur abgeerntet, sondern wälderweise gerodet.

Keiner verteidigt sich so: Ich habe eben einen schlechten Charakter, und den habe ich geerbt wie mein Gesicht und die Farbe meiner Haare. Mich trifft keine Schuld. – In seinem Innersten will jeder der sein, der er ist, mit allen Konsequenzen.

28. Rundweg

Woran sind wir schuld?

Wegweiser: »*Wollen ist Ursein*«

Friedrich Wilhelm Joseph von Schelling (1775–1854)

Ein ganzes philosophisches »System« in drei Worte zu komprimieren, das ist schon eine Zumutung. Um den Sinn dieses Satzes näherzubringen, möchte ich eine Geschichte erzählen, die ich seinerzeit als Referendar am Stuttgarter Landgericht erlebt habe. Ich war einer großen Strafkammer zugeteilt und sollte nach einer Verhandlung den Urteilsentwurf vorlegen. Als wir nach der Sitzung in das Beratungszimmer gingen, nahm mich einer der Schöffen beiseite, ein Flaschnermeister aus dem Remstal, und fragte: »Warum dürfen wir jetzt über diesen Mann urteilen, unser Herr Jesus hat doch gesagt: Richtet nicht, auf daß ihr nicht gerichtet werdet?« Ich muß gestehen, daß ich trotz meinem juristischen Studium auf diese so naheliegende Frage nicht vorbereitet war. Ich sagte: »Was wir hier tun, dient nur der Aufrechterhaltung der staatlichen und gesellschaftlichen Ordnung. Mehr ist es nicht.« Wenn ich besser vorbereitet gewesen wäre, hätte ich ihm vielleicht sagen können: Der Richter urteilt ausdrücklich nur »im Namen des Volkes«, nicht jedoch im Namen Gottes. Das ist immerhin ein Unterschied. Die Justiz hat vor allem dafür zu sorgen, daß unsere irdischen Rechtsgüter geschützt werden, aber sie hat kein abschließendes Urteil über den moralischen Wert oder Unwert eines Menschen zu fällen. Doch was hat der Verurteilte, der zwei Jahre Freiheitsstrafe absitzen muß, davon, wenn man ihm sagt, er sei »nur« im Namen des Volkes verurteilt worden? Hier kommen wir an den Kern der Frage: Wofür sind wir verantwortlich, woran sind wir schuld?

Der Verteidiger kann es sich mitunter ganz leicht machen: Die schlimme Krankheit, das zerrüttete Elternhaus, die mangelhafte Erziehung, die falschen Vorbilder, die schlechten Einflüsse, die Überforderung am Arbeitsplatz, die untreue Ehefrau, die Verführung zum Alkohol und überhaupt die »böse Gesellschaft«. Wer dies alles hört, der muß sich manchmal wundern, daß es überhaupt noch so viele Menschen gibt, die das Leben überstehen, ohne mehrmals im Gefängnis gesessen zu haben. Wenn man alles mit der Umwelt erklären und verzeihen will, wo bleibt dann die Substanz im Menschen, die man verurteilen kann?

Daß ich mir selbst damals solche Fragen nicht beantworten konnte, war einer der Gründe dafür, die mich bewogen haben, nicht Richter zu werden. Als ich dann später einige Jahre lang Disziplinarangelegenheiten zu bearbeiten hatte, mußte ich immer wieder neu über dies anscheinend unlösbare Problem nachdenken. Eines kann man wohl sicher sagen: Es ist niemandem damit gedient, wenn man Gesetzesverstöße gelassen und verzeihend hinnimmt. Der Staat, die Gesellschaft, die Verwaltung, alle müssen auf Rechtsbrecher reagieren, sonst hätten wir schließlich die Anarchie. Aber warum soll der, dem es gegeben ist, nicht mit dem Gesetz in Konflikt zu kommen, besser sein als der, der sich gegen die schlechten Einflüsse nicht wehren kann? Warum argumentieren Verteidiger nicht damit, der Angeklagte habe eben einen schlechten Charakter geerbt? Kann er denn für den Charakter mehr verantwortlich sein als für seine Eltern, seine Statur und seine Augenfarbe?

Wer für schuldig erklärt wird, muß zuvor die Freiheit gehabt haben, sich anders zu verhalten. Wer unter Zwang gehandelt hat, darf nicht verurteilt werden. Vordergründig nehmen die Strafgesetze darauf Rücksicht. Es bleibt aber die Frage: Was ist Zwang, was ist Freiheit? Hatte der einzelne Täter wirklich die Freiheit, seine Tat zu vermeiden? Der Richter muß das unterstellen. Aber wenn wir tun, was wir wollen, wer oder was gibt uns dann den Willen?

Schelling versucht in seiner Schrift *Über das Wesen der menschlichen Freiheit* (1809) den Begriff der Freiheit und der Verantwortung zu retten. Zwar weiß er, daß der Mensch aus einer inneren Notwendigkeit handelt, aber: »Jene innere Notwendigkeit ist selbst die Freiheit; das Wesen des Menschen ist wesentlich seine eigene Tat … es ist ein Ur- und Grundwollen, das sich selbst zu etwas macht und Grund und Basis aller Wesenheit ist.« Wir haben also etwas in uns, das so sein will, wie wir tatsächlich sind. Und nun schafft Schelling einen logischen Salto mortale, olympiareif und genial: »Wer, um eine unrechte Handlung zu entschuldigen, sagt: So bin ich nun einmal!, ist sich doch wohl bewußt, daß er durch eigene Schuld so ist, so sehr er auch recht hat, daß es ihm unmöglich gewesen, anders zu handeln.« Wir haben keine andere Wahl und werden doch schuldig! Denn um anders handeln zu können, müßten wir ein anderer Mensch sein, da wir das aber nicht wollen, müssen wir der sein, der wir sind, mit der Konsequenz, schuldig zu werden. Logischer geht's leider nicht.

Für Schelling ist das Problem damit aber noch nicht ausgestanden. Irgendwo muß der Mensch eben doch eine »Wahl« gehabt haben, der zu werden, der er ist. Diese Wahl hatte der Mensch, aber sie fällt nicht in die »Zeit«. Sündenfall und Selbsterkenntnis sind keine Phänomene, die sich für den einzelnen Menschen zeitlich erfassen ließen. Der Mensch wählt sich gewissermaßen selbst aus. »Nur er selbst kann sich entscheiden. Aber diese Entscheidung kann nicht in die Zeit fallen; sie fällt außer aller Zeit und daher mit der ersten Schöpfung zusammen ... Die Tat, wodurch sein Leben in der Zeit bestimmt ist, gehört selbst nicht der Zeit, sondern der Ewigkeit an: sie geht dem Leben auch nicht der Zeit nach voran, sondern durch die Zeit (unergriffen von ihr) hindurch als eine der Natur nach ewige Tat ... So unfaßlich diese Idee der gemeinen Denkweise vorkommen mag, so ist doch in jedem Menschen ein mit derselben übereinstimmendes Gefühl, als sei er, was er ist, von aller Ewigkeit schon gewesen und keineswegs in der Zeit erst geworden.«

Nach Schellings System haften wir also *in* der Zeit für etwas, was *außerhalb* der Zeit liegt. Dies nachzuvollziehen ist der »gemeinen Denkweise unfaßlich«. Aber man kann diese Gedanken auch nicht von vorherein ablehnen, denn das Argument, dies alles sei zeitlich und nach dem Prinzip von Ursache und Wirkung auch logisch nicht möglich, ist unbrauchbar, weil es außerhalb der Zeit auch keine »vorangehenden« Ursachen gibt. Wenn das, was vorzustellen uns so schwerfällt, nicht indirekt und unbewußt Allgemeingut im menschlichen Denken wäre, hätte die Justiz keine moralische Berechtigung, einen Menschen zu bestrafen. Unsere Freiheit, recht oder unrecht zu handeln, rührt aus anderen, tieferen Quellen, als der Alltagsverstand wahrhaben will. Welcher Mensch kann denn wirklich sagen, er durchschaue sein gesamtes Entscheidungsprogramm? Dies gilt auch für unser Schicksal. Unser Glück und Unglück strömt aus derselben Quelle und mündet in denselben Fluß. Der Unterschied sind wir selbst.

Wenn uns das alles unfaßlich ist, hat es dann überhaupt einen Sinn, sich darüber den Kopf zu zerbrechen? Vermutlich hat es einen Sinn. Wenn es uns gegeben ist, überall nach den Ursachen zu suchen, stoßen wir irgendwann auf einen Punkt, von dem aus wir keine weiteren Ursachen mehr erkennen können. Schuld und Verantwortung sind dafür ein Beispiel. Um in dieser Frage weiter vorzudringen, müßten wir ein Loch bohren durch die Wand am Ende der Welt.

SECHSTE LANDSCHAFT

Eins und Alles

Die geheimnisvollste Landschaft beginnt hinter der Mauer, an der die vordergründige Welt endet. Ist diese Mauer undurchlässig, oder hat sie Schlupflöcher, Risse und Tore? Ist sie vielleicht nur ein Vorhang, der einmal gerissen ist? Wem müssen wir begegnen, um den Weg durch diese Mauer zu finden? Zunächst einmal wohl uns selbst.

Kants geniale Mauer zwischen dieser Welt und dem Jenseits bekam schon bald Schlupflöcher, die manchen heute noch ein Ärgernis sind.

29. RUNDWEG

Ewigkeit und moralisches Gesetz

Wegweiser: Der bestirnte Himmel über mir und das moralische Gesetz in mir ... ich sehe sie vor mir und verknüpfe sie unmittelbar mit dem Bewußtsein meiner Existenz.

IMMANUEL KANT (1724–1804)

Der Satz »Ewig währt am längsten« ist keine ironische Banalität, sondern Unsinn, denn Ewigkeit ist weder kurz noch lang, sie »währt« überhaupt nicht, sie hat mit Zeit nichts zu tun. Was ist dann aber »wahr« über sie?

Wenn Philosophie etwas mit Wahrheit zu tun hat, dann möchte man von ihr eigentlich Beweise verlangen. Aber gerade damit geht sie sehr sparsam um. Zwar hat es immer wieder Philosophen gegeben, die versucht haben, irgend etwas von dem, was sie ausgekocht hatten, zu beweisen, doch was taugen solche Beweise?

Der bekannteste »Beweiser« unter den Philosophen war vermutlich Spinoza. Um seine Lehrsätze zu beweisen, stellt er seine eigenen Definitionen auf und leitet alles andere aus ihnen her. Er sagt zum Beispiel: »Unter Ewigkeit verstehe ich die Existenz selbst, sofern sie aus der bloßen Begriffsbestimmung eines ewigen Dinges notwendig folgend gedacht wird.«

Wenn Sie also bisher noch nicht gewußt haben, was Ewigkeit ist, dann wissen Sie es jetzt. Falls Sie den Satz nicht verstanden haben sollten, was zu vermuten ist, dann soll hier eine Übersetzung gewagt werden: »Ewigkeit ist die notwendige Eigenschaft der Dinge, die ewig dauern.« Wenn man das so versteht, dann wird man sich fragen »na und?« Ist damit irgend etwas bewiesen, oder handelt es sich dabei wieder einmal um einen »Zirkelschluß«, also einen Beweis, der das, was er beweisen will, in seiner Begründung schon voraussetzt und sich so im Kreis dreht.

Dies war hier daran erkennbar, daß zur Erklärung des Wortes Ewigkeit das Wort ewig verwendet wurde. Es gibt aber auch noch andere Beweise, Erklärungen und Definitionen, die zwar nicht eigentlich ein solcher Zirkelschluß sind, die aber deshalb kaum mehr hergeben als eine ungenaue Sprachregelung. Wenn jemand definieren wollte: »Ewig ist etwas, das keinen Anfang und kein Ende hat«, dann klingt das schon überzeugender. Aber es bleibt das Problem: Was ist Anfang, was ist Ende? Oder ein anderer Versuch: »Ewig ist etwas, das der Zeit nicht unterworfen ist«, dann könnte man darüber nachdenken, was ist denn der Zeit unterworfen und was nicht? Jeder Lösungsansatz schafft also neue Fragen, die eigentlich erst beantwortet sein müßten, bevor eine Lösung akzeptiert werden kann. Wer sich in seinem Streben nach gedanklicher und sprachlicher Vollkommenheit zu weit treiben läßt, verliert sich in eine Kette endloser Definitionen und beweist nichts oder schließlich nur das eine, daß er nämlich seine Leser und Zuhörer langweilen kann.

Beweise beziehungsweise Fakten, die den Beweisen dienen, müssen von außen kommen. Das wäre die Alternative. Es werden also Beobachtungen verlangt, anhand derer Erkenntnisse reifen und schließlich abgeleitet werden können. Wenn das aber so ist, worin unterscheidet sich dann Philosophie von Naturwissenschaft?

Immanuel Kant hat sich zeitlebens mit dieser zentralen Frage beschäftigt, um nicht zu sagen, herumgeschlagen. Er unterschied zwischen zwei Arten von Erkenntnissen, zwischen solchen nämlich, die wir von vornherein in uns tragen und die aus der Vernunft, unabhängig von Beobachtungen, gewonnen werden können, und solchen, die wir aus äußerer Erfahrung ableiten. Das, was wir unabhängig von der Umwelt allein mit der Vernunft erkennen können, das nannte Kant »a priori« (lat. vom früheren her). Was man aber aufgrund von Sinneseindrücken, also von außen her, erwerben kann, das nannte er »a posteriori« (lat. vom späteren her) oder empirisch, also aus der Erfahrung abgeleitet.

Mit dieser genialen Unterscheidung, die erst Kant deutlich herausgearbeitet hat, schaffte er Licht und Platz für ein völlig neues Denkgefühl. Kants Trennung zwischen innerer Erkenntnis aus Vernunft (a priori) und Erkenntnis aus Beobachtung (a posteriori, empirisch) war einer der größten Fortschritte in der Philosophie seit der Antike. Dem bisher üblichen Vermischen von Jenseitigem, also von »Transzendenz«, und diesseitiger Naturerkenntnis, beziehungsweise von »Metaphysik« und

»Physik«, wollte er ein Ende bereiten. Kant forderte eine säuberliche Trennung: »Man sieht also hieraus wohl, daß transzendentale Fragen nur transzendentale Antworten, das ist aus lauter Begriffen a priori ohne die mindeste empirische Beimischung, erlauben.« Vereinfacht gesagt: Über Begriffe wie die Unendlichkeit, die Einheit, das Dasein außer der Welt, die Ewigkeit ohne Bedingungen aus der Zeit, die Allgegenwart ohne die Bedingungen des Raums, die Allmacht Gottes kann man sehr wohl etwas aussagen, aber eben nicht aufgrund von empirischen Beobachtungen, sondern nur aufgrund der »reinen Vernunft«, also einer von empirischen Beimischungen gereinigten Vernunft.

Nach dieser theoretischen Trennung, die einem Mauerbau gleicht, wollte auch Kant wieder zu einer neuen Verbindung kommen, denn die reine Vernunft sollte ja im Leben als »praktische Vernunft« weiterhelfen. Kant machte sich auf den Weg und geriet – in Verzückung: »Pflicht! du erhabener, großer Name ... Zwei Dinge erfüllen das Gemüt mit immer neuer und zunehmender Bewunderung und Ehrfurcht, je öfter und anhaltender sich das Nachdenken damit beschäftigt: der bestirnte Himmel über mir und das moralische Gesetz in mir.« Der bestirnte Himmel als Symbol der objektiven, empirischen Welterkenntnis, das moralische Gesetz als Inbegriff der inneren Erkenntnis »a priori«.

Kant fährt dann in seiner Hymne an die Pflicht so fort: »Beides darf ich nicht als in Dunkelheiten verhüllt, oder im Überschwänglichen, außer meinem Gesichtskreis suchen oder bloß vermuten; ich sehe sie vor mir und verknüpfe sie unmittelbar mit dem Bewußtsein meiner Existenz.«

Wenn ich also das, was mir meine Sinnenwelt zeigt, mit dem verknüpfen kann, was von meinem Inneren, vom »unsichtbaren Selbst« ausgeht, dann kann ich das moralische Gesetz vollkommen verwirklichen, dann belastet mich keine Pflicht, weil ich dann so handle, wie alle eigentlich handeln müßten. »Handle nur nach derjenigen Maxime, durch die du zugleich wollen kannst, daß sie allgemeines Gesetz werde.« Das ist der »kategorische Imperativ«, und aus ihm lassen sich Pflicht und Moral ableiten.

Mit solchen erhabenen Erkenntnissen könnte man eigentlich die Philosophie beenden und meinen, durch die säuberliche Trennung von Natur und Welt einerseits und Jenseits, Ewigkeit, Transzendenz, Metaphysik, was auch immer man sich darunter vorstellen oder nicht vorstellen mag, andererseits seien alle Probleme der Philosophie gelöst.

Kants Philosophie war und ist, so gesehen, ungemein edel und nützlich. Nicht nur, weil er das Pflichtbewußtsein philosophisch herleitete, sondern vor allem auch deshalb, weil er die Naturwissenschaftler moralisch befreite. Seither können sie sagen: Wir befassen uns nur mit dem, was wir empirisch beobachten und messen können, mehr dürfen und wollen wir nicht, alles andere überlassen wir den Pfarrern und Philosophen. Denen reden wir nicht drein, und die haben uns aber andererseits gefälligst auch nichts zu sagen! Sogar heute noch, zweihundert Jahre nach Kant, kann man solche Bekenntnisse mehr oder weniger deutlich immer wieder hören.

Aber es gibt in der Philosophie keine endgültigen Wahrheiten. Schon zu Lebzeiten Kants wurde von jüngeren Denkern an seinem Thron herumgesägt, nach seinem Tod natürlich erst recht. Mit der säuberlichen Trennung zwischen (innerer) Vernunft und (äußerer) Beobachtung konnte man schon im Zeitalter der Romantik nicht mehr viel anfangen. Das Geistige, Theoretische, Verstandesmäßige, Jenseitige, Metaphysische – waren das alles nur Bereiche ohne jeden Einfluß durch und auf die Wirklichkeit? Gibt es nicht Mystiker, die Gott unmittelbar mit den Sinnen erlebt haben? Erscheinen nicht Träume, die Jenseitiges den inneren Augen »zum Greifen nahe« zeigen, erzählt man sich denn nicht Märchen und Mythen, die transzendente Vorgänge als erlebte Abenteuer schildern? Erleben denn die Menschen nicht »Zufälle«, die ihnen einen Sinn zeigen? Wie kommt man solchen menschlichen Ur-Erfahrungen mit der »reinen Vernunft« bei?

Was bei Kant so vollendet geklungen hat, erwies sich nun doch auch wieder nur als ein Teil der Wahrheit. Hegel spürte den Erscheinungsformen des Geistigen in seiner *Phänomenologie des Geistes* nach. Das »mit dem Geiste erfüllte Sein« war ihm nicht eine Frage der nüchternen Überlegung und Trennung, sondern er spürte »Lichtwesen, Lichtgüsse, Feuerströme, zur Pracht gesteigerte Schönheit in Erhabenheit, Herrlichkeit, taumelndes Leben ...« Was Hegel damit meinte, sagte er nicht genauer, vielleicht scheute er sich, eine mystische Erleuchtung noch deutlicher zuzugeben.

Vor allem aber Schelling, der während des Studiums in Tübingen mit Hegel ein gemeinsames Zimmer bewohnt hatte (der dritte Stubengenosse war rein zufällig Hölderlin), machte sich von Kants säuberlicher Trennung los. Kunst und Mythologie waren zwei seiner Hauptthemen. »Die Kunst beruht auf der Identität der bewußten und der unbewußten Tätigkeit.« Das Unbewußte (manchmal sagte er dazu auch das Bewußtlose) wird bei Schelling zu einem wirklichen Merkmal der Welt, in der nicht zwischen hier und dort, zwischen Geist und Natur, zwischen Diesseits und Jenseits unterschieden werden kann. »Die Natur ist dem Künstler nur der unvollkommene Widerschein einer Welt, die nicht außer ihm, sondern in ihm existiert.« In dieser Richtung geht Schelling noch weiter: »Dies ist das größte Geheimnis des Universums, daß das Endliche als Endliches dem Unendlichen gleich werden kann und soll.« Schelling bezeichnet es also als größtes Mysterium, daß Diesseitiges und Jenseitiges, Geist und Natur, ja sogar Zeit und Ewigkeit eine Einheit bilden können. Was Kant nur ein paar Jahre zuvor noch so säuberlich getrennt hatte, das wirft jetzt Schelling ganz bewußt wieder in einen Topf. Natur und Geist lassen sich nicht unabhängig voneinander betrachten, sie sind identisch, sie unterscheiden sich nur dadurch, daß Natur der sichtbar werdende Geist und Geist die unsichtbare Natur ist. Konsequenterweise meinte er daher einmal: Ewigkeit fängt hier schon an.

Mit einer solchen Philosophie können zwar Künstler, nicht so angenehm aber Naturwissenschaftler leben. Sie würde sie nämlich zu Überlegungen zwingen, die nicht in das Weltbild derer passen, für die nur das Meßbare zählt. Erst in unseren Tagen bekennen sich zunehmend Naturwissenschaftler wieder zu einem Weltbild, das Geistiges in ihre Überlegungen miteinbezieht. Der Kernphysiker und Nobelpreisträger Werner Heisenberg ist da schon vorausgegangen.

Wer hat nun recht, die einen oder die andern? Kant oder Schelling? Keiner für sich allein und alle miteinander! Es bleiben Fragen, auf die man Antworten finden kann, aber nicht *die* Antwort. Vielleicht ließe sich das Dilemma auch so formulieren: Die einzige objektive Wahrheit in der Philosophie ist die, daß sie Fragen stellt, für die es keine allgemeingültigen Antworten gibt. So verstanden, gibt es also eine »negative« Wahrheit. Zu hier gemeinten Fragen gehören vor allem diese:

Was war vor dem Beginn der Welt, und was wird nach ihrem Ende sein?

Wo beginnt und wo endet der Raum?

Gibt es eine Zeitlosigkeit, die über die Gegenwart hinausragt?

Und wenn es sie gibt, gilt dann das »Gesetz« von Ursache und Wirkung, oder ist alles vorherbestimmt?

Hat der Mensch einen freien Willen?

Wie verhalten sich Geist und Materie zueinander?

Gibt es überhaupt Geist, gibt es Materie?

Solche Fragen scheinen sich einer Antwort zu entziehen, mit der alle einverstanden sein können. Aber, und das ist hier das Wesentliche, es bringt uns nicht weiter, wenn Naturwissenschaft und Philosophie streng im Sinne von Kant darauf achten, daß nichts aus der einen der anderen »beigemischt« werde. Ein Physiker, der sich nicht auch für »Metaphysik« interessiert, dürfte heute eigentlich nicht mehr als seriös gelten. (Bei uns ist es zur Zeit noch eher umgekehrt.)

Trotz dieser in letzter Zeit stärker werdenden Zusammenarbeit wird die Philosophie nie ans Ziel kommen. Ist dann die Erkenntnis, daß wir nichts wissen können, an der schon Faust verzweifelt ist, unsere einzige Wahrheit? Hat Sokrates mit seiner Aussage über das Nichtwissen, die verkürzt mit »ich weiß, daß ich nichts weiß« wiedergegeben wird, die einzige überhaupt mögliche Wahrheit der Philosophie entdeckt? Wozu dann also Philosophie? Auch hierauf ist bis jetzt noch keine Antwort gefunden worden, wenn es denn eine Antwort sein müßte, deren Richtigkeit man beweisen kann. Aber was ist schon ein Beweis? Verzichten wir auf ihn, und schaffen wir statt dessen Platz für die Freude. Und wenn auch Hegels »Lichtgüsse und Feuerströme« ausbleiben, ein kleiner Abglanz oder ein »Morgenglanz der Ewigkeit« bewirkt mehr als hundert Beweise.

Die einzelne Orgelpfeife gibt immer nur den gleichen Ton von sich. Sie ahnt nichts von der Tokkata, die mit ihr gespielt wird. Geht es uns auch so?

30. RUNDWEG

Die unteilbare Gesamtheit

Wegweiser: So oft eine Stunde verloren wird, geht ein Teil des Lebens zu Grunde.

GOTTFRIED WILHELM LEIBNIZ (1646–1716)

Der hier zu überdenkende Satz stand auf dem Sarg, in dem der am 14. November 1716 in Hannover verstorbene Philosoph und Mathematiker Gottfried Wilhelm Leibniz von nur ganz wenigen Menschen zu Grabe getragen wurde. Hinter diesem Satz, der Leibnizens Wahlspruch gewesen sein muß, stand mehr oder weniger sein ganzes Denksystem. Wer diese Worte nur oberflächlich liest, wird sie vielleicht sogar für nichtssagend und unwesentlich halten. Wenn aber ein Mensch wie Leibniz diesen Satz für wichtig hielt, dann kann man sicher sein, daß er Hintergründe erblicken läßt, daß er gewissermaßen ein geheimer Schlüssel zu einem Palast ist.

Die verlorene Stunde ist nicht die vergangene Stunde. Daß uns jede vergangene Stunde dem Tod um sechzig

Minuten näher bringt und daß die Vergangenheit, eben auch die Vergangenheit der verflossenen Stunde, ein Teil unseres Lebens ist, muß zwar auch bedacht werden, dazu hätte es aber keines Leibniz bedurft. So etwas kann sich jeder selbst ausrechnen, der bereit ist, darüber nachzudenken.

Leibniz sieht das Leben als eine Einheit, aber was ist dann ein Teil des Lebens? Was ist ein Teil des Unteilbaren? So wird aus dem scheinbar so einfachen Satz ein Grundproblem des menschlichen Denkens. Das Herumrätseln, Herumdiskutieren und Herumphilosophieren über diese Frage begann schon früh. Der griechische Philosoph Xenophanes von Kolophon, der im sechsten Jahrhundert vor Christus lebte, war sicher nicht der erste, der über dieses Problem gesprochen hat, aber er wird von vielen späteren griechischen Denkern immer wieder mit der Behauptung zitiert, die Gesamtheit aller Dinge sei ein einziges Wesen. Also frei gesagt: Die Welt ist aus einem Guß, und alles hängt mit allem zusammen. Diese Behauptung wird vermutlich nicht jedem so ohne weiteres einleuchten. Eigenartigerweise wurde sie aber zu allen Zeiten immer wieder aufgestellt, bis hin zur Gegenwart, beispielsweise von Werner Heisenberg im Zusammenhang mit der Einheit der Materie.

Die Einheit der Welt, was man auch immer darunter verstehen oder nicht verstehen mag, ist vermutlich nicht nur eine abstrakte philosophische Unterstellung, sondern etwas Reales. Aber die Realität zeigt sich nicht in einzelnen nachweisbaren Erscheinungen und ist daher mit herkömmlichen naturwissenschaftlichen Methoden nicht feststellbar. Wer beispielsweise nur das Blut untersucht, kann aus ihm allein, wenn er sonst nichts weiß, unendlich vieles, aber nicht den Menschen selbst erkennen, zu dem es gehört. Der Mensch aber, als Gesamtorganismus, kann ohne sein eigenes Blut, mit dem er eine Einheit bildet, nicht existieren. Ein Organismus ist dem anderen übergeordnet, und der Mensch, der sich als abgeschlossene Einheit versteht, kann selbst wieder Bestandteil von höheren Ordnungen sein, deren Zusammenhänge er nicht begreift. Der Streit um die Frage, ob es eine weltumfassende Einheit gibt, flackert seit Menschengedenken immer wieder auf. Leibniz war auf der Seite derer, die die Einheit zu erkennen glaubten, auch wenn sie seit jeher von all denen immer bestritten wurde und wird, die sich allein auf naturwissenschaftlich nachweisbare Phänomene stützen wollen. Besonders einleuchtend beschrieb Leibniz dieses Problem mit dem folgenden Beispiel:

»Wir mögen ein herrliches Gemälde schauen und es bis auf ein kleines Stückchen verdecken: Was anders wird sich dann zeigen (wie gründlich man auch hinschauen, wie nahe man es auch betrachten wird) als eine verworrene Masse von Farben, ohne Wahl, ohne Kunst; und dennoch wird man nach Entfernung der Bedeckung das ganze Gemälde in der passenden Lage betrachtend, einsehen, daß das, was planlos auf die Leinwand geschmiert schien, vom Urheber des Werkes mit höchster Kunstfertigkeit gestaltet worden ist.«

Die gleiche Erscheinung sah Leibniz übrigens auch in der Maschine. Der Teil eines Zahnrades, schrieb er einmal, verrät uns nichts über die Maschine, zu der er gehört. Wie kann man nun der Erkenntnis näherkommen, daß größere Einheiten bestehen als die, die wir gleichsam wie in Ausschnitten aus Kunstwerken und funktionslosen Maschinenteilen erkennen? Daß wir an den blinden Zufall glauben und uns doch nicht wundern, daß alle Phänomene der Natur seit Urzeiten weltweit übereinstimmen, sollte uns anders denken lassen, als wir es gewohnt sind. Leibniz sagt dazu: »Die vollkommene Übereinstimmung so vieler Substanzen, die in keiner Verbindung zueinander stehen, kann nur von einer gemeinsamen Ursache herrühren.«

Mit dieser Erkenntnis sind wir dem Leibnizschen Denkspruch einen Schritt nähergekommen. Die Übereinstimmung ist nicht nur gleichzeitig an vielen Stellen erkennbar, sie überbrückt auch die Zeit. Trotz der immer weiterschreitenden Zeit und den sich scheinbar ändernden Zuständen bleibt die Welt in weit höherem Maße stabil, als man denken könnte. Trotz zahllosen blinden, zufälligen Ursachen blühen jahraus jahrein die gleichen Blumen, begehen die Menschen die gleichen Fehler... Dies rührt von dem großen »Zusammenhang aller Dinge« her und der gestrige, der heutige und der morgige Zustand der Welt fließen aus der gleichen Quelle.

Dies hat für uns auch viel Tröstliches, wenn wir uns über die Dummheit unserer Zeitgenossen aufregen. Die Dummheit der Welt ist so groß und umfassend, daß sie nicht erst in unseren Tagen entstanden sein kann. Sie ist ein weltweites und zeitloses Phänomen. Entsprechendes gilt für die Intelligenz. Auch sie ist so alt wie die Menschheit. Unsere Gegenwart mit ihrer Not und ihrem Fortschritt ist nur ein kleiner Ausschnitt eines Bildes, das man Phänomen Mensch nennen könnte.

In Anknüpfung an ein Beispiel, das Leibniz in ähnlicher Weise gebraucht, könnte man sagen, wir, die einzelnen Menschen, reagieren wie Orgelpfeifen. Wir nehmen nur den Luftzug wahr, der in uns bläst, und hören nur den Ton, den wir von uns geben, haben aber kein Ohr für die Tokkata, die auf uns gespielt wird. Der große Zusammenhang zwischen den Pfeifen der Orgel, dem Organisten und der Komposition überfordert unser Erkenntnisvermögen. Aber ein fehlender Ton in dem Musikstück, auch wenn er Teil einer Disharmonie ist, macht es insgesamt unvollkommen. Der fehlende Ton, ist das die verlorene Stunde, mit der ein Teil unseres Lebens zugrunde geht?

Wie sieht nun eine »verlorene Stunde« in unserem Leben aus? Darüber läßt sich bei Leibniz nichts lesen. Diese Behauptung erscheint sehr gewagt; wer hätte denn je sämtliche Briefe von ihm gelesen, denn es sind Tausende. Die Antwort ist leichter. Nach etwas, was er nicht geschrieben haben kann, braucht man gleich gar nicht zu suchen. Wenn jemand sagt, »daß jede Seele in ihrer Weise ein fortwährender Spiegel des Universums ist und in ihrem Grunde eine Ordnung enthält, die der des Universums selbst entspricht«, dann weiß man, daß es unter dieser Annahme keine »verlorenen Stunden« geben kann. Aber warum spricht er dann trotzdem davon? Hier erst kommt die eigentliche »Lehre« zum Vorschein: Die verlorene Stunde ist die, die wir gern verloren hätten, zu der wir uns nicht bekennen, die wir – modern gesprochen – verdrängen möchten. Jede Stunde ist gleichwertig, sie ist mit Glück oder Leid ein unverzichtbarer Bestandteil einer Einheit, nämlich unseres Lebens. Ohne die in unseren Augen »wertlose«

Stunde könnten wir nicht der sein, der wir sind, ginge also ein Teil unseres Lebens zugrunde. Der Denkspruch auf dem Sarg drückt eine uneingeschränkte Lebensbejahung aus, zu der Leibniz, wenn man die Umstände seines Lebens kennt, vielleicht keinen Anlaß gehabt hätte. Wenn er diese Lebensbejahung bis zu seinem Tod aufrechterhalten konnte, dann hatte dies seine Ursache darin, daß er die unsichtbare Einheit der Welt als Gewißheit erkannte.

Unser Glück wartet, bis wir die Maske ablegen, die wir meinen, uns vorbinden zu müssen.

31. RUNDWEG

Der falsche Prinz in uns

Wegweiser: Es ist doch besser, daß ich ein Schneider geblieben bin; denn um Ehre und Ruhm ist es eine gar gefährliche Sache.

WILHELM HAUFF (1802–1827)
DAS MÄRCHEN VOM FALSCHEN PRINZEN

An Zeit und Umstände, als ich irgendeines der Märchen, die mir als Kind vorgelesen wurden, zum erstenmal hörte, kann ich mich nicht mehr erinnern. Allerdings gibt es da eine Ausnahme. Es war während des Zweiten Weltkriegs in einem Erholungsheim in der Hohen Tatra nahe bei Zakopane. Ich lag mit Fieber im Bett, und meine Mutter las mir das Märchen vom falschen Prinzen von Wilhelm Hauff vor. Damals war ich acht Jahre alt. Die perlenverzierten Elfenbeinkästchen, unter denen der falsche und der echte Prinz zu wählen hatten, konnte ich mir ganz genau vorstellen, aber ich habe mich damals nicht entschieden, welches Kästchen ich gewählt hätte. Doch irgend etwas störte mich an dem Märchen. Heute sehe ich das ganz anders.

Für die, die das Märchen nicht oder nicht mehr kennen, sei der Inhalt kurz skizziert: Der Schneidergeselle Labakan aus Alessandrien muß ein reiches Gewand reparieren. Er zieht es selbst an und meint, daß er darin wie ein Prinz aussehe. Er behält es an und verläßt heimlich die Stadt. Er kauft sich einen billigen Gaul und reitet weiter. Unterwegs begegnet er einem jungen Mann, mit dem zusammen er weiterreist. Der Fremde ist, das erfährt Labakan im Gespräch, ein Prinz, der außerhalb seiner Heimat erzogen wurde und sich an seinem zweiundzwanzigsten Geburtstag bei der Säule El-Serujah, seinen Dolch vorzeigend, mit den Worten »Hier bin ich, den ihr suchet« einfinden soll. Dann werde er auf das Schloß seines Vaters geführt.

In der Nacht stiehlt Labakan dem schlafenden Prinzen sein Pferd und den Dolch, macht sich davon zur Säule El-Serujah und stellt sich vor mit den Worten »Hier bin ich, den ihr suchet«. Der alte Sultan fällt auf die Täuschung des Schneiders Labakan herein und meint seinen vor zweiundzwanzig Jahren in die Fremde gegebenen Sohn zu begrüßen. Kurze Zeit später kommt der echte Prinz auf dem zurückgelassenen Klepper angehumpelt und behauptet nun auch, er sei der Prinz. Der Sultan glaubt ihm nicht. Ganz anders die Sultanin; sie ist nicht so harmlos und spürt gleich, daß der zuerst Angekommene nicht ihr Sohn sein kann.

Um herauszubringen, wer der echte und wer der falsche Prinz ist, gibt eine Fee dem alten Sultan zwei mit Perlen verzierte Elfenbeinkästchen. Eines hat die Aufschrift »Ruhm und Ehre«, auf dem anderen steht »Glück und Reichtum«. Jeder der beiden jungen Männer muß nun in Abwesenheit des anderen die Hand auf das Kästchen legen, das er wählen würde.

Vor versammeltem Hof darf später jeder sein Kästchen öffnen. Der falsche Prinz hatte das mit der Aufschrift »Glück und Reichtum« gewählt, und als er es öffnet, liegt darin eine Nadel und etwas Zwirn. Das Kästchen mit der Aufschrift »Ruhm und Ehre«, das der echte Prinz gewählt hatte, enthält Krone und Zepter. Damit hat jeder der beiden durch seine eigene Wahl zu erkennen gegeben, wer er ist. Der falsche Prinz war entlarvt, aber es wurde ihm vergeben. Er durfte in Freiheit den Hof verlassen und wurde später durch das Kästchen und seinen Inhalt ein reicher Mann.

Bis hierher das Märchen. Was mich als Kind so wunderte und störte, war der so ganz unmärchenhafte Schluß. Bei einem der von den Brüdern Grimm erzählten Märchen wäre der falsche Prinz, der doch ein Betrüger und Dieb war, zum Tode verurteilt worden. Hauff läßt ihn zu Wohlstand gelangen und zu der Einsicht: »Es ist doch besser, daß ich ein Schneider geblieben bin; denn um Ehre und Ruhm ist es eine gar gefährliche Sache.«

Was spielt sich im Hintergrund des Märchens ab? Dies ist eine Frage, die man sich als Kind nicht stellt. Vielleicht hat sich auch Wilhelm Hauff selbst darüber keine allzu großen Gedanken gemacht. Der wahre Künstler läßt seine Intuition fließen, er notiert seine Ein-Fälle, also das, was wie von außen auf ihn einfällt, als Inspiration. Hauff hatte zum Sinnieren keine Zeit. Er mußte seine »sämtlichen Werke« noch vor seinem fünfundzwanzigsten Geburtstag fertigstellen. Er war erst vierundzwanzig Jahre alt, als er in seiner Heimatstadt Stuttgart an Typhus starb.

Jedes Märchen hat irgendeine mehr oder weniger verborgene »Moral«, die den Leser vordergründig zwar
nichts angeht, die aber im Unbewußten weiterwirkt.
Was sagt uns nun das Märchen vom falschen Prinzen?
Ist es denn »moralisch«, daß der Betrüger und Dieb im
Gegensatz zu allem, was man von einem Märchen
erwartet, nicht bestraft, sondern sogar auf lange Sicht
belohnt wird? So gesehen, ist das Märchen nicht moralisch, aber sein Sinn ist von anderer Herkunft. Es geht
hier nicht um Ver-Zauberung, sondern um Ent-Zaube-
rung. Der Schneider Labakan wird befreit und erlöst,
nicht durch einen Zauber, sondern durch die Einsicht:
»Es ist doch besser, daß ich ein Schneider geblieben
bin.« Der Schleier des falschen Anscheins, der Zwang
der ihm nicht zustehenden Rolle wird von ihm genommen, und damit begründet er erst sein Glück. Der
höchst fragwürdige »Held« der Geschichte wird nicht
Prinz, sondern fällt in die ihm gebührende bürgerliche
Rolle zurück.
Was ist die Ursache für diese Enttarnung seiner Anmaßung? Keine Zauberei von außen, sondern er selbst.
Er wählte völlig frei sein Kästchen. Sein Lebensziel
stand auch nicht verschlüsselt darauf, sondern offen. Es
ging dem Schneider in Wirklichkeit nie um Ruhm und
Ehre, sondern immer nur um Glück und Reichtum. Er
hatte nur den falschen Weg gewählt. Die Einsicht, das
sein zu müssen und zu können, was ihm sein Innerstes
sagte, sie begründete sein Glück. Der verlorene Kampf
um die Rolle des Prinzen war so in Wirklichkeit ein Sieg
über seinen Wahn, ein Prinz sein zu wollen.
Zwei Beispiele aus anderen Märchen sollen zeigen,
worum es Hauff vermutlich ging. Peter aus dem Mär-

chen *Das kalte Herz* kehrt in seine alte Welt im Schwarzwald zurück, als ihm das kalte Herz und der Zwang, reich sein zu müssen, wieder genommen werden. Der arme Jakob, der in den buckligen Zwerg Nase verwandelt worden war, findet das Kraut, das ihm seine ursprüngliche Gestalt zurückgibt. Die Erlösung erlebt der Mensch gerade nicht dadurch, daß er am Schluß ein Prinz wird, sondern dadurch, daß er zu sich selbst findet.

Wilhelm Hauff, der in Tübingen Theologie studiert hatte und dann Redakteur geworden war, stand innerlich erst am Beginn der Romantik. Trotz seiner reich sprühenden Phantasie war er im Grunde seines Herzens noch ein Mensch der Aufklärung, und dies im wahrsten Sinne des Wortes. Vielen seiner Märchengestalten wird am Ende der Schleier von den Augen genommen, es wird ihnen gezeigt, wer sie sind, und wer nicht.

Man spricht in unserer Zeit so viel von »Selbstverwirklichung«. Recht und schön, das mag ja ein gutes Ziel sein. Aber wer sagt uns, wer wir sind? Hier liegt doch das Problem. Nicht jeder begegnet wie der Zwerg Nase einer Gans Mimi, zu der er nach seiner Rückverwandlung sagen kann: »Ohne dich hätte ich dieses Kraut nie gefunden, hätte also ewig in jener Gestalt bleiben müssen.«

Das Kraut, das Jakob wieder zurückverwandelte, mußte er selbst suchen. Die Gans Mimi (seine Anima?) half ihm zwar, aber, wie gesagt, es wurde ihm nicht mühelos geschenkt.

Und unser richtiges Kästchen? Wir selbst müssen es wählen und die Wahl verantworten.

Das war es vermutlich, was mich als Kind schon, natürlich unbewußt, an diesem Märchen faszinierte: Der Mensch, der um seine Identität kämpfen muß und allein damit belohnt wird, daß er sie endlich findet.

» Wer das All erkennt und sich selbst verfehlt, verfehlt das Ganze.« Der Weg durch sich selbst ist steil und gefährlich, aber er führt nach oben.

32. RUNDWEG

Vom Kampf mit dem Drachen

Wegweiser: Erkenne dich selbst!

INSCHRIFT IN DER VORHALLE DES APOLLONTEMPELS ZU DELPHI.

Wenn ihr euch erkennt, dann werdet ihr erkannt werden.

THOMAS-EVANGELIUM (2. JHDT. N. CHR.)

Wer sich dem Allerheiligsten in Delphi näherte, wurde mit der Aufforderung, sich selbst zu erkennen, empfangen. Man kann sie so verstehen: Pilger, wenn du hier irgendein Heil, das heißt, eine Heilung suchst, dann mußt du zunächst bereit sein, dich selbst zu erkennen. Wenn du es daran fehlen läßt, dann hast du hier nichts zu suchen und nichts zu finden.

Selbsterkenntnis – das Wort läßt sich locker aussprechen, aber es verbirgt das tiefste Problem des Menschseins und damit natürlich auch der Philosophie. Kein Mensch kommt daran vorbei.

Auf dem Weg zur Selbsterkenntnis, zum Selbst, begegnet der aufmerksame Mensch immer wieder sinnvollen Träumen. Diese zeit- und kulturübergreifende Erfahrung war für den Schweizer Arzt und Psychiater C. G. Jung (1875–1961) der wichtigste Ausgangspunkt seines Lebenswerks.

Die meisten Träume vergessen wir, aber vor vielen Jahren hatte ich einmal einen so eigenartigen Traum, daß ich mich bis heute an ihn erinnern kann: Als ich mein Haus betrat, entdeckte ich einen kleinen Jungen, der dort, wie ich meinte, nichts verloren hatte. Ich wollte ihn verjagen und bewarf ihn – im Traum ist das kein Problem – mit Schneebällen. Da sagte er zu mir: »Ich heiße Frieder, und meine Eltern haben mich lieb.« – Traumende.

An einen – scheinbar – ganz anderen Traum kann ich mich ebenfalls noch erinnern: Ich fuhr mit der Bahn über eine Grenze. Als ich meinen Ausweis vorzeigen wollte, stellte ich fest, daß auf dem Paßbild ein anderer abgebildet war.

Beide Träume hatten, darin bin ich sicher, etwas mit dem Problem der Selbstfindung zu tun. Aber nicht nur unsere Träume, sondern auch Mythen, Romane, Märchen, Kunstwerke erzählen von den langen, gefährlichen Wegen und Irrwegen zur Selbsterkenntnis, zum Selbst, zum Ich, zur inneren Heimat, zum Absoluten, zu – Gott. Dies wird dem Leser, Hörer und Betrachter meist nicht ausdrücklich gesagt, die Erzähler sprechen bewußt oder unbewußt in einer Symbolsprache, zu der sie den Schlüssel nicht mitliefern, oft kennen sie ihn selbst nicht. Zu einem inneren Verstehen ist dieser Schlüssel auch nicht notwendig.

Das ferne Ziel wird nicht immer erreicht. Odysseus findet zwar endlich den Weg zurück in seine Inselheimat, der arme Landvermesser Josef K. aus Kafkas Roman *Das Schloß* bleibt dagegen erfolglos, der Weg zu seinem Schloß, zu seinem eigentlichen (inneren) Ziel bleibt ihm ver-»schlossen«.

Der Kampf mit dem Drachen, der die Seele in Form eines Mädchens, der Anima, gefangenhält, gelingt im Märchen und führt in die Freiheit. Das häßliche Entchen (H. Chr. Andersen) erkennt, daß es ein Schwan ist; der Zwerg Nase (Wilhelm Hauff) erhält seine ursprüngliche Gestalt zurück; Rumpelstilzchen (Brüder Grimm), das die Befreiung verhindern wollte, vernichtet sich selbst, als es beim Namen genannt wird. Diese wenigen Beispiele zeigen, wie zentral und vielfältig die Frage nach der Selbsterkenntnis und Selbstfindung seit Menschengedenken uns alle umtreibt.

Meine Träume waren, gemessen an den Gefahren, die in der Literatur erzählt werden, recht harmlos. Der Traum von dem störenden Jungen ließ mich erkennen, daß ich einen Teil meines Selbst nicht anerkennen, von mir weisen wollte. Der Junge, der ich selbst war, wollte mir zeigen, daß er Liebe und nicht kalte Ablehnung (Schneebälle) verdiente. Auch die Geschichte mit dem falschen Paßbild belehrte mich darüber, daß das Bild, das ich von mir selber hatte, nicht mit dem übereinstimmte, das man von mir sah. Solche Träume sind also nichts anderes als verschlüsselte Darstellungen einer Situation, in der wir uns befinden. Sie bieten uns Einsicht als erste Hilfe auf dem Weg in die richtige Richtung.

Wenn in unserer Zeit so viel von Selbsterkenntnis oder womöglich sogar von Selbsterfahrung und Selbstverwirklichung gesprochen wird, so ist neu daran nur die ausdrückliche Benennung. Früher machte man dies alles auch durch, aber man dachte und sprach nicht so abstrakt wie heute. Psychologie und Leben waren keine getrennten Welten, sondern ein und dieselbe. Wir zerlegen und zerpflücken Probleme, mit denen unsere Vorfahren genauso fertig werden mußten und fertig wurden, vermutlich sogar besser.

Die Frage nach der Selbsterkenntnis ist damit aber noch nicht gelöst. Sie läßt sich auch nicht lösen. Es gibt nur Hinweise und Ansätze zu einer Lösung, und die sind so vielfältig und weitreichend, daß es eines lebenslangen Studiums bedürfte, wollte man verstandesmäßig weiter vordringen. Es können hier also nur Stichworte genannt werden. Es soll ohnehin nicht der Eindruck erweckt werden, der Weg zum Selbst sei nur gebildeten Menschen vorbehalten. Dieser Weg ist kein intellektuelles Problem. Im Gegenteil, ein unverbautes Gemüt hat es da oft leichter.

Selbsterkenntnis ist keine vordergründige Selbstverwirklichung im Sinne einer egoistischen Selbstbehauptung, wie es in unserer Zeit einige Leute mißverstehen, sondern gewissermaßen das Gegenteil davon. Wer sich selbst erkennt, erkennt sich an. Er weiß, daß er nur das sein und verwirklichen kann, was sein innerstes Wesen ihm zeigt. Der krankmachende Zwiespalt ergibt sich aus gesellschaftlichen Zwängen und Vorbildern. Ich will »jemand« sein, will eine »Rolle« spielen, von der ich nicht weiß, ob sie mir zugedacht ist. Mein innerstes, verborgenstes Wollen kommt dadurch nicht zum Vorschein, es wird aus dem Haus gedrängt und mit Schnee beworfen. Aber wie erkennen wir es? Hier bleibt das Problem, weil es dafür kein Rezept gibt.

Vielleicht kommt man einer Lösung (oder müßte man sagen »Er-lösung«?) näher, wenn man weiß, was mit der Selbsterkenntnis erreicht werden kann. Das Selbst, das es zu finden gilt, ist kein Privatbesitz eines einzelnen Menschen. Wer den Weg der Selbsterkenntnis konsequent weitergeht, gelangt in Bereiche, in denen er sich aus dem Allgemeinen, Absoluten, Unbedingten nicht mehr heraushebt. Diese uralte, von Mystikern aller Zeiten und Kulturen immer wieder vorgetragene Erkenntnis kam zu Beginn des neunzehnten Jahrhunderts in die deutsche idealistische Philosophie. Dafür zwei Beispiele. Johann Gottlieb Fichte (1762–1814) schrieb mit viel Pathos diese Sätze: »... Aber rein und heilig, und deinem eigenen Wesen so nahe, als im Auge des Sterblichen etwas ihm sein kann, fließet dieses Dein Wesen hin als Band, das Geister mit Geistern in Eins verschlingt ... Durch dieses Geheimnis findet der Einzelne sich selbst, und versteht und liebt sich selbst nur in einem andern ... und es gibt keinen Menschen, sondern nur eine Menschheit ...«

Friedrich Wilhelm Joseph von Schelling (1775–1854) schrieb schon 1795, damals ein zwanzigjähriger Theologiestudent und Hitzkopf in Tübingen, diesen genialen Satz: »Sei! im höchsten Sinne des Wortes; höre auf, selbst Erscheinung zu sein; strebe ein Wesen an sich zu werden! – dies ist die höchste Forderung aller praktischen Philosophie.«

Zu diesem Satz lieferte Schelling eine etwas schwierige, aber in diesem Zusammenhang verständliche Erklärung: »Soll ich das Unbedingte realisieren, so muß es aufhören, Objekt für mich zu sein. Ich muß das Letzte, das allem Existierenden zu Grunde liegt, das absolute Sein, das in jedem Dasein sich offenbart, als identisch mit mir selbst, mit dem Letzten, Unveränderlichen in mir denken.« Das Unveränderliche, das Gemeinsame, wer dies darstellen kann, setze immer seinen Willen in Freiheit durch, weil sein Wille aus dem Absoluten folgt und mit ihm übereinstimmt. Schelling nannte das, was er damit umschrieb, in späteren Schriften Gott. Schelling meint also: Man soll nicht über das Weltganze nachdenken, sondern sich selbst als dieses empfinden. Dann erkennt man, daß man alles, was geschieht, so und nicht anders gewollt haben muß.

Aber das Leben stellt uns meist keine solchen abstrakten Denkprobleme, sondern ganz reale, alltägliche. Der Weg der Selbsterkenntnis setzt Verzicht voraus. Verzicht auf Leitbilder und vordergründige Wünsche, die man selbst hat oder die andere einem einreden wollen. »Wenn du das Abitur nicht machst, wirst du nie ein zufriedener Mensch werden!« Die Selbsterkenntnis schafft andere, nämlich mögliche Leitbilder. Die Bereitschaft, einen absoluten, höheren Willen anzuerkennen und in sich gelten zu lassen, seine Schwächen und Grenzen, aber auch seine Eigenheiten und Stärken zu erkennen und anzuerkennen, setzt das Eingehen auf sich selbst, auf die innere, aus dem Weltganzen einfließende Stimme voraus. Wie man diese Stimme empfängt und auf sich einwirken läßt, kann von Mensch zu Mensch verschieden sein. Auch der Preis ist unterschiedlich. Allgemein läßt sich aber sagen, daß ein Gebet weniger kostet als eine Selbsterfahrungsgruppe auf Lanzarote.

Daß der Weg zur Selbsterkenntnis gefährlich ist, wissen wir seit Odysseus. Drachen, Hexen, Zauberer, Wölfe und böse Geister begleiten unseren Weg. Heute lassen sich solche Symbole auch anders benennen: Neurosen, Depressionen, psychosomatische Krankheiten, Alkoholismus, Streß und so weiter. Aber wie sieht der Erfolg aus? Ist der Drache getötet, die Hexe verbrannt, der Prinz befreit und gefreit, folgt daraus die Lösung aus einengenden Zwängen, die Er-lösung vom Bösen, die Gesundung, das Erreichen der angemessenen Ziele. Das klingt alles wunderbar einfach, leider zeigt die Praxis, daß Drachen meist nicht ein für allemal besiegt werden, sondern daß ihnen neue Köpfe nachwachsen, mit denen sie weiter Feuer und Gift auf uns speien wollen. An manchen gotischen Domen erkennt der Betrachter, der nach oben schaut, nicht den Himmel, sondern zunächst am Turm böse Fratzen. Die Künstler werden geahnt haben, was sie damit sagen konnten.

Wer aber auf dem Weg des Sieges ist, muß und wird dies nach außen an sich erkennen lassen. Wenn Moses verkündete: Liebe deinen Nächsten wie dich selbst!, so kann man daraus auch folgern, nur wer sich selbst liebt (nämlich erkennt), ist fähig, den Nächsten zu lieben. Die meisten Probleme, die Menschen mit andern haben, haben sie zunächst mit sich selbst. Wer das weiß, wird schwierigen Menschen gegenüber gelassener. Den Menschen, der auf dem Weg der Selbsterkenntnis fortschreitet, erkennt man an seiner Offenheit und Hilfsbereitschaft. Er hat nichts zu verbergen, weil er den Drachen nicht mehr fürchtet, von seiner langen Nase wurde er befreit, sein Rumpelstilzchen

hat sich selbst vernichtet, jetzt hat er die Hände frei für
andere.

Interessant in diesem Zusammenhang sind auch Worte
aus einer frühchristlichen koptischen Schrift, die vermutlich aus dem zweiten Jahrhundert nach Christus
stammt und die erst nach dem Zweiten Weltkrieg auf-
gefunden worden ist. Es ist eine Sammlung von
Sprüchen, die als »Thomas-Evangelium« gilt und teilweise Jesusworte enthält, die nicht in den biblischen
Evangelien zu finden sind. Wie sehr die Frage der
Selbstfindung in dieser esoterischen gnostischen Schrift
im Mittelpunkt stand, zeigen, außer dem hier voran-
gestellten, folgende Sätze:

»Wer das All erkennt und sich selbst verfehlt, verfehlt
das Ganze.« Schwierig aber voller Tiefe ist dieser
Spruch: »Wenn ihr den in euch zeugt, den ihr besitzt,
wird er euch retten. Wenn ihr diesen nicht in euch
besitzt, wird der, den ihr nicht besitzt, euch töten.«
Hier scheint es um die Befreiung des Selbst zu gehen.
Das, was in uns ist, muß im Sinne des uns bestimmten
Lebensziels »gezeugt«, das heißt, in uns hervorge-
bracht und für uns und andere erkennbar werden. Finden wir dieses Innere nicht, finden wir keinen Weg zum
Ich, zur Selbst-an-erkenntnis, können wir daran
zugrunde gehen.

In Delphi sind nur noch Ruinen zu sehen, die frühen
ägyptischen Klöster sind überwiegend im Sand ver-
weht, aber ihre Geheimnisse haben sie uns überlassen.
Sie bleiben Geheimnisse, darüber hilft auch der Fortschritt unserer Zeit nicht hinweg.

Viele vertrauen nur den Kräften, die sich von uns berechnen lassen, und nehmen deshalb die eigentlich schöpferischen Impulse, das Einmalige, nicht wahr.

33. RUNDWEG

Gott und seine Philosophen

Wegweiser: Wenn wir vom Himmel reden, so reden wir wie von unserem Vaterlande, welches die erleuchtete Seele wohl schauen kann, ob's gleich dem Leibe verborgen ist.

JAKOB BÖHME (1575–1624)

Die folgende Geschichte hat sich in jüngster Zeit zugetragen, sie wurde mir von einer Studentin erzählt. Sie ging an einem Sonntag im Wald über der Stuttgarter Innenstadt einsam spazieren. Suchend, zweifelnd und naiv dachte sie vor sich hin: Wenn es Gott gibt und er will, daß ich ihm vertraue, dann müßte er mir doch eigentlich irgendein Zeichen geben. Wenige Schritte nach diesem Gedanken begegnete ihr – weit und breit der einzige Mensch – ein Mann, der sich spontan mit diesen Worten an sie wandte: Haben Sie heute schon zu Gott gebetet? – Bei einem kurzen Gespräch stellte sich heraus, daß der Mensch ein Missionar auf Heimaturlaub war. Anscheinend versuchte er, seine Methode aus Afrika in Deutschland zu testen.

Wer diese kleine Begebenheit hört, der wird versuchen, sie zu erklären: Die »moderne«, aufgeklärte Normalerklärung ist die: Bei dem Grübeln und der Begegnung handelt es sich um zwei völlig unabhängige Vorgänge, die überhaupt nichts miteinander zu tun haben, ihr zeitliches Zusammenfallen war reiner Zufall. Wie viele Millionen von Menschen haben schon solche Fragen mit sich herumgetragen, ohne daß ihnen ein Mensch oder gar ein »Engel« begegnet wäre, der ihnen eine Antwort gegeben hätte? Wer aus dieser Begebenheit vorschnell folgern würde, Gott höchstpersönlich habe hier dem suchenden Mädchen ein Zeichen gegeben, der ist nicht gläubig, sondern abergläubisch. So würde, wie gesagt, die aufgeklärte Deutung eines modernen Menschen aussehen.

Möglich wäre auch, anzunehmen, es handle sich um ein Beispiel von »Synchronizität«, also dem Zusammentreffen »sinnvoller« Zufälle, wie es seit Urzeiten immer wieder beobachtet wurde. Fast jeder Mensch kann, wenn er nur nachdenkt, eine Reihe von Beobachtungen aus seinem eigenen Leben beisteuern. Der Schweizer Psychiater C. G. Jung und in jüngster Zeit der englische Physiker F. David Peat (geb. 1938) haben sich mit diesem Phänomen einer verborgenen Ordnung eingehend befaßt, ohne es allerdings enträtseln zu können. Die immer wieder zu beobachtende »Duplizität der Fälle« und ähnliches müssen, wissenschaftlich gesehen, vorläufig noch in das Reich der Zufälle geschoben werden, wo sie nach Ansicht Peats nicht hingehören.

Natürlich gibt es dann auch die trotz allem naheliegende religiöse Deutung des dargestellten Ereignisses.

Ganz einfach gesagt: Gott hat dem Mädchen geant-
wortet und ein Zeichen gegeben. Der Spaziergang des
Missionars war also, nach dieser Erklärung, in seinem
Plan schon vorgesehen.

Welches ist nun also die richtige Erklärung? Die Antwort ist ganz einfach. »Richtig« ist die Deutung, die
der betroffene Mensch dem Ereignis selbst beilegt. Dies
gilt für die Begebenheiten des Alltags ebenso wie für
Träume. Ein Zeichen wird erst durch den zum Zeichen, der es wahr-nimmt.

Das uralte Dilemma zwischen objektiver Erkenntnis
einerseits und der Subjektivität von Gotteserfahrungen
andererseits bleibt bestehen, aber die wirklich saubere
Trennung zwischen dem einen und dem anderen ist
anscheinend doch nicht so leicht, wie man sich das vorschnell vorstellen könnte. Die Gotteserfahrungen, über
die Jakob Böhme und viele andere Mystiker vor und
nach ihm berichten, waren zwar persönliche, unüber-
tragbare Erlebnisse, aber sie wiederholen sich im Lauf
der Menschheitsgeschichte immer wieder auf ähnliche
Weise. Man kann sie keiner neutralen Versuchsperson
einpflanzen, auch nicht messen und registrieren. Viele,
die von solchen Erleuchtungen reden, geraten ins
Stammeln, weil ihre Erlebnisse sich außerhalb der realen Welt abspielen, in der unsere Sprache zu Hause ist.
Solche Erlebnisse sind nicht reproduzierbar und daher
für die alleinseligmachende Naturwissenschaft wert-
und gegenstandslos. Nicht nur dies. Auf der Gegensei-
te fürchteten sich auch die amtlichen Verwahrer der
religiösen Wahrheit vor dem Geist der Mystiker, weil
die sich aufgrund eigener Erkenntnisse ihre Glaubens-
inhalte nicht vorschreiben ließen. Menschen, die von

solchen Erlebnissen kündeten, wurden verfolgt, verdammt und verbrannt. Sogar dem armen Jakob Böhme haben seine eigenen »Glaubensgenossen«, nämlich orthodoxe Lutheraner, nach vielen Verfolgungen noch das Grab geschändet.

Eine nur privat erfahrbare Wahrheit genügte normalerweise den Philosophen noch nicht, deshalb rückten sie Gott mit ihren scharfen Denkwerkzeugen zu Leibe. Mit ihm haben sich fast alle Denker beschäftigt, ob sie nun an ihn geglaubt haben oder nicht. Viele wollten Gottes Existenz beweisen, manche wollten sie widerlegen. Sicheres weiß natürlich keiner, denn wenn es etwas über Gott zu wissen gäbe, dann bestünde kein Anlaß mehr für den Glauben; ein gelungener Gottesbeweis würde den Gottesglauben überflüssig machen. Die nächste Frage, die sich ein denkender Mensch stellt, ist: Wie soll ich an etwas glauben, dessen Existenz sich nicht nur nicht beweisen läßt, sondern das ich mir auch gar nicht vorstellen kann? Viele Menschen legen daher ihre Haltung ein für allemal fest. Auf die Frage: Glauben Sie an Gott? können sie immer eine fertige Antwort aus der Tasche ziehen.

Aber so einfach ist das anscheinend doch nicht. Was sich jeder Beweisführung entzieht, das kann man auch nicht widerlegen. Was bleibt, ist die persönliche Erfahrung und Entscheidung, aber diese Entscheidung ist natürlich nicht das Ergebnis einer philosophischen Erwägung. Wenn dies aber so ist, warum hat dann die Frage nach Gott die Philosophen aller Zeiten immer so interessiert? Hätten sie nicht alle sagen müssen: Ich persönlich glaube an ihn (oder nicht), aber auf philosophischer Ebene kann ich dazu nichts sagen!?

Damit sind wir schon beim nächsten Dilemma. Auch die Aussage, daß die Philosophie zum Thema Gott nichts zu sagen habe, ist so eindeutig nicht möglich. Sie ist erstens dadurch widerlegt, daß sich fast alle Denker hierüber zu Wort gemeldet haben, und zweitens, daß eine Wissenschaft, die sich die »Liebe zur Weisheit« nennt, ein so zentrales Thema nicht ausgrenzen kann. Der Philosoph muß also mit dem Zwiespalt leben, daß er Aussagen über Gott wagen muß, andererseits aber weiß, daß sie nicht bewiesen werden können.

Vor Kant war das noch anders. Damals gab es genügend Denker, die ein mehr oder weniger kompliziertes Denkgerüst erstellten, an dem sie ihren Gottesbeweis aufhängen konnten. Der Sturm der Aufklärung im achtzehnten Jahrhundert brachte solche Gerüste zum Einsturz.

Wie dachten die Philosophen über Gott? Darauf gibt es Hunderte von Antworten, wir können hier stark vereinfacht einige Typen betrachten:

1. Nach unserer menschlichen Zeitvorstellung muß alles einen Anfang und eine Ursache gehabt haben, also auch die Welt. Sie kann nicht von selbst entstanden sein. Folglich nennt man das, was die Schöpfung (von außen) in Gang gesetzt hat, den Schöpfer und diesen Gott.

2. Eine pantheistische Auffassung sagt: »Gott ist die Welt«. Er ist, so verstanden, Alles in Allem und Eins und Alles. Er ist nicht der Schöpfer der Natur, son-

dern er ist selbst die Natur. Er wirkt nicht von außen auf die Welt ein, sondern in der Welt. Schöpfung und Schöpfer sind nach dieser Lehre identisch.

3. Eine weitere Erklärung ist diese: Gott ist der Inbegriff alles Guten, aller Liebe, aller Ordnung und allen Sinnes. Weil es das Gute, die Liebe, die Ordnung und den Sinn gibt, müssen solche Ideen von Gott kommen.

4. Eine von Mystikern immer wieder vorgetragene These besagt: Gott ist (nur) im Menschen erkennbar. Er ist nicht außer der Welt zu finden, er ist nicht die Welt selbst, er ist nur innerlich erfahrbar. Meister Eckhart sagt, von Gott dürfe man keinerlei Vorstellungen haben. Man solle ihn lieben als »Nicht-Gott, Nicht-Geist, Nicht-Person, Nicht-Bild«, denn »Gott ist in der Seele mit seiner Natur, mit seinem Sein und mit seiner Gottheit«. Der schon zitierte Jakob Böhme ergänzte später: »Gott hat mir das Wissen gegeben. Nicht ich, der ich der Ich bin, weiß es, sondern Gott weiß es in mir.«

5. Andere drehten daraufhin den Spieß herum und behaupteten: Da sieht man's ja, Gott ist eine menschliche Erfindung! Der Mensch hätte gern eine himmlische Autorität, und da konstruiert er sich einen allmächtigen Vater. Also: Der Mensch hat sich Gott erschaffen, nicht umgekehrt. Eigenartigerweise liegen die mystische und diese atheistische Deutung Gottes gar nicht so weit auseinander. Was sie unterscheidet, ist der Glaube selbst, also wieder etwas, das schwerlich definiert werden kann.

6. Ein interessantes Phänomen ist die Ablehnung Gottes, ein Ringen mit ihm und gegen ihn, wodurch er indirekt anerkannt wird. Friedrich Nietzsche glühte in seiner Jugend regelrecht vor Liebe zu Gott. Nach vie-

len Enttäuschungen und Schmerzen sagt er sich von ihm los und läßt in einem seiner Werke einen Verrückten auftreten, der auf dem Markt brüllt: »Gott ist tot. Gott bleibt tot! Und wir haben ihn getötet.« Eigentlich spricht hier schon nicht mehr ein Philosoph, sondern ein trauernder Dichter.

7. Eine weitere Auffassung ließe sich so umschreiben: Gott ist das Absolute, das Unbedingte, der Ort, in dem alles Sein und alle Seelen zusammenfließen zu einer umfassenden Einheit, in der es keine Unterschiede und Gegensätze gibt, der Ort der Zeit- und Raumlosigkeit, die der Mensch ahnen, aber nicht erkennen kann.

Diese sieben Beispiele ließen sich beliebig vermehren. Alle haben sie etwas für sich. Auch soweit sie sich gegenseitig ausschließen, können sie den Wahrheitssucher ein Stück begleiten. Aber die letzte Instanz ist der Glaube selbst, weshalb Pascal sagte: »Nicht die Vernunft, sondern das Herz erfährt Gott.« Wenn diese Erfahrung aber fehlt oder unaussprechlich ist, sucht der »moderne« Mensch aller Zeiten dennoch nach neutralen Aussagen, zumindest um Glauben und Wissenschaft voneinander zu trennen. Hier hilft Meister Kant weiter. Er konstruierte die geniale Mauer zwischen der inwendigen, reinen Vernunft (a priori) und dem, was man mit den Sinnen empirisch feststellen kann. Diese Mauer wird von der modernen Wissenschaft als heiliges Bollwerk gegen das Eindringen des »Aberglaubens« heftig verteidigt. Aber wie löchrig die Mauer tatsächlich ist, zeigt diese Erfahrung: Ich fragte einmal einen Physiker, ob er sich vorstellen könne, wie eine rein geistige Kraft sichtbar auf die

Materie einwirke. »Das ist völlig ausgeschlossen«, antwortete er.

»So«, erwiderte ich, »dann glauben Sie also nicht an die Fallgesetze, an die Gravitation, an die Gesetze der Wahrscheinlichkeit und so weiter?«

Empört antwortete er: »Na hören Sie mal, das ist doch etwas ganz anderes. Diese Gesetze sind doch seit Jahrhunderten empirisch belegt.«

»Das bezweifelt keiner«, sagte ich, »aber wo *in* der Materie sind diese Gesetze nachweisbar? Und wenn sie nicht in der Materie sind, dann müssen sie doch wohl abstrakt und geistig sein.«

Man kann einen Stein unter allen Gesichtspunkten genau analysieren, aber die Fallgesetze sind in ihm nicht gespeichert. Die wirken sich erst aus, wenn man ihn fallen läßt. Andererseits bleiben die Fallgesetze ohne fallenden Gegenstand abstrakt und unerforschbar. Diese Erkenntnis ist weiß Gott nicht neu, aber viele werden sich nicht bewußt, daß hier »Geist«, was immer das auch ist, von außen auf die Materie einwirkt. Allein die Tatsache, daß diese Einwirkung zuverlässig berechenbar ist, ändert daran nichts. An dieser Überlegung wird auch erkennbar, daß die Grenze zwischen innerer und äußerer Erkenntnis nicht allzu aussagekräftig ist. Galileis innere Vernunft sagte ihm noch nichts über die Fallgesetze. Er wußte erst Bescheid, als er seine Versuche am schiefen Turm von Pisa unternehmen, also empirische Beobachtungen registrieren konnte.

Die Frage sollte also nicht sein: Wo wirkt Geist und wo Materie?, sondern: Was ist einmalig und was reproduzierbar? Hier geht das eine in das andere über. Kants Mauer zwischen der inneren, reinen Vernunft, dem

Unbeweisbaren einerseits und der erforschbaren Welt andererseits wirkt immer noch wie einst ein Tempelvorhang bei den Juden, der das Allerheiligste vor den Blicken der profanen Welt verbarg. Jenseits und Diesseits als getrennte Welten, dies ist also nicht neu. Interessant ist, daß in der biblischen Passionsgeschichte berichtet wird, daß gleichzeitig mit dem Tod Jesu dieser Vorhang gerissen sei.

Die davon ausgehende Hoffnung kann uns auch heute noch darin bestärken, daß die Welt eine große Einheit ist, daß uns nichts von dem Blick in diese Zusammenhänge abhalten kann und schon gar nicht eine künstliche Gedankenmauer zwischen innerem und äußerem Erkennen.

Hier sind wir wieder am Ausgangspunkt dieses Denkbuchs. Wir mißtrauen der Schöpfung, weil sie nicht in *unser* System paßt, weil sie sich in ihren Fortschritten nicht berechnen läßt. Wir vertrauen anscheinend dem Geist nur, wo er aus Routine handelt, und nicht dort, wo er einmalig und neu ist, wo er sich scheinbar des »Zufalls« bedient. Muß das so sein?

Wenn der Mensch sich als etwas Einmaliges, ganz Neues erlebt, dann weiß er doch, daß hier der Geist nicht aus Routine gehandelt hat. Wozu dient dann noch die Frage nach der Wiederholbarkeit? Sichtbar wird der kreative Geist nie werden, sowenig wie die Gravitationsgesetze. Die Naturwissenschaft sucht Antworten auf Fragen, die der Mensch stellt. Das Schöpferische, das Einmalige ist eine Antwort auf keine Frage. Der Mensch, der überall nach einem passenden Raster sucht, ist taub und blind für das Göttliche. Was man mit dem Herzen erfährt, läßt sich mit den Sinnen nicht belegen, und doch ist es da. Der Geist beginnt, wo die Logik aufhört. Das war schon immer so.

Ein Psalmist dichtete vor über zweitausendfünfhundert Jahren: »Die Stadt Gottes soll fein lustig bleiben mit ihren Brünnlein, da die heiligen Wohnungen des Höchsten sind; Gott ist bei ihr drinnen, darum wird sie fest bleiben ...« (Psalm 46, 5, 6). Der Dichter wußte natürlich schon damals, daß es sich bei dieser »Stadt« nicht um etwas handelt, was man mit gewöhnlichen Augen sehen kann.

Wenn die Mauer zwischen Diesseits und Jenseits wirklich wasserdicht, oder sagen wir besser: geistdicht wäre, dann wären die dunklen Vorstellungen von dieser anderen Welt längst erloschen, vielleicht wären sie nie entstanden. An uns liegt es, die undichten Stellen aufzuspüren und wahrzunehmen, durch die Ahnungen von einer fremden, unerklärbaren, aber verklärten Welt zu uns dringen können. Für manchen ist aus der undichten Stelle schon ein Tor geworden.

Die »Wegweiser« werden im allgemeinen aus Werkausgaben zitiert, die in mehreren verschiedenen Editionen erschienen sind. Einige zusätzliche Hinweise sollen denen dienen, die sich noch weiter mit den angeschnittenen Denkfragen beschäftigen wollen. Jahreszahlen in Klammern bezeichnen das Jahr der Niederschrift oder der Erstveröffentlichung.

Angelus Silesius, (Johannes Scheffler), Cherubinischer Wandersmann (1657/1675).

Berkeley, George, The Principles of Human Knowledge (1710).

Böhme, Jakob, Morgenröte im Aufgang (1612).
–, Drey Principien Göttlichen Wesens (1619).

Bruno, Giordano, Von der Ursache, dem Prinzip und dem Einen (De la causa, principio et uno – 1584).

Camus, Albert, Der Mythos von Sisyphos – Ein Versuch über das Absurde (1942), dt: Hamburg 1959.

Descartes, René, Abhandlung über die Methode des richtigen Vernunftgebrauchs (1637).

Dürrenmatt, Friedrich, Philosophie und Naturwissenschaft, Zürich 1986. (Daraus: Spielregeln).

Meister Eckhart (Eckehart), Deutsche Predigten und Traktate, München 1963.

Einstein, Albert, Mein Weltbild, Zürich o. J.

Ekeland, Ivar, Das Vorhersehbare und das Unvorhersehbare, München 1984.

Feuerbach, Ludwig, Grundsätze der Philosophie der Zukunft (1843).

Fichte, J. G., Die Bestimmung des Menschen (1800).

Freud, Sigmund, Zur Psychopathologie des Alltagslebens (1904), Frankfurt am Main 1954.

Hawking, Stephen W., Einsteins Traum- Expeditionen an die Grenzen der Raumzeit, Reinbek bei Hamburg 1993.

Hegel, G. W. F., Phänomenologie des Geistes (1807).

Heisenberg, Werner, Physik und Philosophie (1959), Frankfurt-Berlin-Wien 1984.

Jaspers, Karl, Der philosophische Glaube, München 1948.
–, Der philosophische Glaube angesichts der Offenbarung, München 1962.

Jung, C. G. u. a., Der Mensch und seine Symbole, Olten 1968.
–, Erinnerungen, Träume, Gedanken, Olten 1971.

Kant, Immanuel, Kritik der reinen Vernunft (1781).
–, Kritik der praktischen Vernunft (1788).

Kierkegaard, Sören, Unwissenschaftliche Nachschrift
zu den philosophischen Brosamen (1846).

Leibniz, G. W., Deutsche Schriften, Berlin 1838.
–, Monadologie (1720).

Lorenz, Konrad, Die Rückseite des Spiegels – Versuch
einer Naturgeschichte menschlichen Erkennens, München 1973.
–, Das Wirkungsgefüge der Natur und das Schicksal
des Menschen, München 1978.

Monod, Jacques, Zufall und Notwendigkeit, München 1971.

Nietzsche, Friedrich, Brief an Deussen, Nizza, Januar
1888.
–, Nachgelassene Schriften, Leben als Wille zur Macht.

Pascal, Blaise, »Pensées« – Gedanken über die Religion
(1669).

Peat, F. David, Synchronizität – Die verborgene Ordnung, Bern–München-Wien 1989.

Pestalozzi, Johann Heinrich, Wie Gertrud ihre Kinder
lehrt (1801).

Popper, Karl, Objektive Erkenntnis, Hamburg 1973.

Russell, Bertrand, Probleme der Philosophie (1912), Frankfurt am Main 1967.

Schelling, F. W. J., Neue Deduktion des Naturrechts (1795).
–, Über das Wesen der menschlichen Freiheit (1809).

Sheldrake, Rupert, Das schöpferische Universum – Die Theorie des morphogenetischen Feldes, München 1984.
–, Das Gedächtnis der Natur, Bern–München-Wien 1990.
–, Die Wiedergeburt der Natur, Bern–München–Wien 1991.

Shibayama, Zenkei, Quellen des Zen, Bern–München–Wien 1976.

Spinoza, Bento de, Ethik – Ethica ordine geometrica demonstrata (1677).

Wittgenstein, Ludwig, Tractatus logico-philosophicus – Logisch-philosophische Abhandlung (1918), Erstausgabe 1921.
–, Vermischte Bemerkungen, Frankfurt am Main 1977.